文史哲學集成

馮吉權著

文心雕龍與詩品之詩論比較

文史哲出版社印行

文心雕龍與詩品之詩論比較 / 馮吉權著. --
初版 --臺北市：文史哲，民 105.01 印刷
頁; 21 公分（文史哲學集成；65）
ISBN 978-957-547-274-0（平裝）

文史哲學集成 65

文心雕龍與詩品之詩論比較

著　者：馮吉權
出版者：文史哲出版社
http:// www.lapen.com.tw
e-mail：lapen@ms74.hinet.net
登記證字號：行政院新聞局版臺業字五三三七號
發行人：彭正雄
發行所：文史哲出版社
印刷者：文史哲出版社
臺北市羅斯福路一段七十二巷四號
郵政劃撥帳號：一六一八〇一七五
電話886-2-23511028 · 傳真886-2-23965656

實價新臺幣三〇〇元

一九八一年（民七十）十一月初版
二〇一六年（民一〇五）一月（BOD）初刷

ISBN 978-957-547-274-0　　00065

自序

中國是文學的古國，也是詩歌的王國，世界上無論任何國家都沒有她流傳的詩歌之多。在這東亞大地上所開的詩歌之華，那一朝代不是具有一種獨特的性質而放異彩於世界的文壇？至於作者之數，篇什之量，適與她久遠的年代成正比：眞是浩如煙海，不可勝計！就無數作家之羣中，而傑出爲一代之宗匠者，又不下百十；這百十位大詩人因了個性及環境的不同，有的浪漫地高歌，有的感傷地沈吟；有的發抒了一己的情思，有的描寫了社會的苦樂；有的恬詠着自然的眞美，有的諷刺着宮闈的奢靡；有的歌頌邊塞的豪情，有的詛咒戰爭的罪惡。總之，或觸目興懷，或因時致慨，把宇宙的一切現象，凡人眼所能見、心所能感的，統統用他們的彩筆，細心地、巧妙地織成了美麗的文錦，繪成了有聲的圖畫。爲我們民族遺留下無數寶貴的詩篇，寶貴的藝術品！

我們很慶幸生在這個詩國裏，能欣賞這麼多的藝術品；我們感謝祖宗遺產的豐厚，讚歎古國文化的博贍。在這個詩國裏，以往不論帝王將相，不論販夫走卒，不論黃髮垂髫，不論樵歌農婦，幾無無人不會吟幾首詩，唱幾支曲，也因而人人都在詩的浸潤中，接受文化的薰陶，培養出溫柔敦厚的氣質。眞可說中國文化是詩的文化，中國人是詩的民族！然而時至今日，我們卻很驚訝地發現：竟然大部分人日常已不讀詩，不吟詩，更不會寫詩了。甚至於在你所識和所遇的人中，仍然顯現溫文儒雅氣質的也已不多見了，你能不感慨於詩教的式微嗎！究竟何以致此呢？是時代的變化？還是詩歌走錯了方向？美國一九三〇年代詩人麥克里希在他的「詩與公衆世界」一文中說：「我們是活在一個革命的時代；在這時代，公衆的生活衝過了私有的生命的隄防。……私有經驗的世界已經變成了羣衆、街市、都會、軍隊、暴衆的世界。」他這段話可以爲我們第一個問題作答案。今人林以亮氏於序「美國文學批評選」說：「五四以來的新文學，最主要的成就恐怕就是徹底的否定和破壞舊的文學傳統，以致這些年來，我們的創作和批評不像是一個有二千年優良傳統的產品。而西洋的現代文學，看上去好像來勢洶洶而且非常急進，但其中主要人物却念念不忘『傳統』，這是一個極鮮明的對比，同時也是值得我們深思的一個問題。」我想這爲我們第二個問題提供了具體的回答。

實在說來，今天要振興國人詩魂，恐怕還是從傳統中探源尋根，較之純從國外移殖理論、技巧及體式者，來得重要。因爲一個民族，有他自己的感情基調、思想方式和語言文字的特質。因之，她的文學也必有不同於其他民族的內涵與形式。要說我們用他山之石以爲攻錯是無可厚非的，若果一味捨己芸人，那就不免於邗鄲學步之譏了。爲了這個原因，我覺得研究我國古代詩論，做爲我們欣賞古詩、評鑑古詩，和從其中抽繹菁華以來創作現代詩，批評現代詩的參考，是有其必要的。

說到我國古代詩的發展，漢以前只有風謠體的詩經和繼起的離騷體。到漢代就有歌行雜體和五言七言的興起。魏晉以後，五言詩體發展到了成熟階段，這時的文學觀念也已經進化到清晰正確的程度，所以詩學原理的雛形，也略具於此時了。其間摯虞的文章流別論和任昉的文章緣起雖然關於各體詩的起源有所說明，但最重要的還是那文論家劉勰作的「文心雕龍」和爲後代詩話家開山祖鍾嶸作的「詩品」；前者「體大思精，籠罩羣言。」後者「思深意遠，溯源六藝，」在中國詩學上有繼往開來的貢獻，爲文學批評的兩大巨擘。故論詩而不從這兩書着手，便是捨本逐末了。筆者不揣譾陋，輒欲將兩書參合比較研究，尋繹二家於詩的創作與批評的理論之可供今日遵循者，以供同好參考。惟綆短汲深，乖謬自所難免，敬請高明大雅，有以教正！

文心雕龍與詩品之詩論比較　目次

第一章 導論

第一節 作者生平

一、文心雕龍作者——劉勰

(一)南史劉勰傳(註一)

劉勰，字彥和，東莞莒人也(註二)。父尚，越騎校尉(註三)。勰早孤，篤志好學，家貧不婚娶，依沙門僧祐居(註四)。遂博通經論，因區別部類，錄而序之。定林寺經藏，勰所定也(註五)。梁天監中，兼東宮通事舍人(註六)。時七廟饗薦，已用蔬果；而二郊農社，猶有犧牲(註七)。勰乃表言二郊宜與七廟同改；詔付尚書議，依勰所陳。遷步兵校尉(註八)，兼舍人如故，深被昭明太子愛接(註九)。初，勰撰文心雕龍五十篇，論古今文體。其序略云「予齒在逾立，嘗夜夢執丹漆之禮器，隨仲尼而南行。寤而喜曰：大哉，聖人之難見也！迺小子之垂夢歟？自生靈以來，未有如夫子者也！敷讚聖旨，莫若注經；而馬、鄭諸儒(註十)，弘之已精，就有深解，未足立家；唯文章之用，實經典枝條，五禮資之以成文，六典因之以致用（註十一）。於是搦筆和墨，乃始論文，其爲文用，四十九篇而已（註十二）。」既成，未爲時流所稱。勰欲取定於沈約（註十三），無由自達，乃負書候約於車前，狀若貨鬻者；約取讀，大重之，謂深得文理，常陳諸几案。勰爲文長於文理，都下市塔及名僧碑誌，必請勰製文（註十四）。敕與慧震沙門於定林寺撰經（註十五）。證功畢，遂求出家。先燔鬢髮自誓，敕許之，乃變服改名慧地云。

(二)生卒年及文心雕龍成書時間考：

劉勰的生卒年，因史志未明確記載，難以確定，近數十年來，文心雕龍已成顯學，研究者日多，有關其生卒年的考證亦日見精審，計重要考證有以下各家：

1.范文瀾「文心雕龍注」序志篇注(六)據清劉毓崧通誼堂集書文心雕龍後，考其生當在宋明帝泰始元年（西元四六五年）前後；書成於齊和帝中興元年（五〇一）；卒於梁武帝普通元二年間（五二〇－五二一）。張嚴先生「劉勰身世考索（註十六）」，王金凌先生「劉勰年譜（註十七）」，車柱環先生「劉勰鍾嶸二家的詩觀（註十八）」均同范說。

2.梁容若先生「文心雕龍歷史的分析（註十九）」假定勰完成文心雕龍在齊明帝永泰及和帝中興年間（四九八－五〇二），年在四十上下，推定其生在宋武帝大明年間（四六〇年左右），卒約在梁武帝普通初年（五二二），壽六十上下。

3.王更生先生「梁劉彥和先生年譜稿（註二〇）」，考定勰生卒年爲宋武帝大明八年（四六四）至梁武帝普通三年（五二二），壽五十九歲。而成書則在齊和帝中興元年（五〇一），年三十七歲。沈謙先生「文心雕龍批評論發微（註二二）」同其說。

按以上各家考定之時間，皆無大出入，緣皆根據文心時序篇「暨皇齊馭寶，運集休明，太祖（按係高帝蕭道成廟號）以聖武膺錄，高祖（按武帝蕭賾廟號世祖，高字誤）以睿文纂業，文帝（按文惠太子蕭長懋追尊文帝，廟號世宗）以貳離含章，中宗（按明帝蕭鸞廟號高宗，中字誤）以上哲興運，並文明自天，緝遐（遐當作熙）景祚，今聖曆方興，文思光被。」等語推勘，證據至爲確鑿；時序篇中歷敍唐虞以降各代至於劉宋，只舉代名，而獨於齊則稱皇齊，則書之成於齊代無疑。而「中（高）宗興運」之語，又必在永泰元年八月高宗駕崩，東昏侯上高宗廟號之後。今「聖曆方興」之語，雖未明指究爲東昏抑爲和帝，然按文心書成，持干沈約，沈約在蕭衍廢東昏立和帝後始隨而貴盛，而和帝在位僅一年，即禪於梁，故其以書干沈約之時，當在和帝中興元年（五〇一），最無可疑。而書既成，未爲時流所稱，容有擱置，但充其極亦不會超過東昏在位之時，東昏在位兩年，故成書必在東昏永元元年以後至和帝中興元年之間（西元四九九—五〇一），當可確定。

二、詩品作者—鍾嶸

㈠南史鍾嶸傳

鍾嶸字仲偉，潁川長社人（註二二），晉侍中雅七世孫也（註二三）。父蹈（梁書作蹈），齊中軍參軍（二四）。嶸與兄岏，弟嶼並好學有思理。嶸，齊永明中爲國子生（註二五），明周易，衞將軍王儉領祭酒（註二六），頗賞接之。建武初（註二七），爲南康王侍郎（註二八），時齊明帝（註二九）恭親細務，綱目亦密；於是郡縣及六署九府常行職事，莫不爭自啟聞，取決詔敕，文武勳舊，皆不歸選部。於是憑勢互相通進，人君之務，粗爲繁密。嶸乃上書言：「古者明君揆才頒政，量能授職，三公坐而論道，九卿作而成務，天子可恭己南面而已。」書奏，上不懌，謂太中大夫顧暠曰：「鍾嶸何人，欲斷朕機務，卿識之不？」答曰：「嶸雖位末名卑，而所言或有可采。且繁碎職事，各有司存。今人主總而親之，是人主愈勞，而人臣愈逸，可謂代庖人宰而爲大匠斲也。」上不顧而他言。永元末，除司徒行參軍（註三〇），梁天監初，制度雖革，而未能盡改前弊。嶸乃上言曰：「永元肇亂，坐弄天爵。勳非即戎，官以賄就。揮一金而取九列，寄片札以招六校（註三一），騎都塞市，郎將填街（註三二），服既纓組，尚爲臧獲之事（註三三），職雖黃散，猶躬胥徒之役（註三四），名實淆紊，玆焉莫甚！臣愚謂永元諸軍，官是素族士人，自有清貫（註三五）而因斯受爵，一宜削除，以懲僥競。若吏姓寒人，聽極其門品，不當因軍，遂濫清級（註三六）。若僑雜傖楚，應在綏撫，正宜嚴斷祿力，絕其妨正，直乞虛號而已（註三七）。」敕付尚書行之。衡陽王元簡出守會稽，引爲寧朔記室（註三八），專掌文翰。時居士何胤築室若耶山（註三九），山發洪水，漂拔樹石，此室獨存。元簡令嶸作瑞室頌以旌表之，辭甚典麗。遷西中郎晉安王記室（註四〇）。嶸嘗求譽於沈約，約拒之，及約卒，嶸品古今詩爲評言其優劣云：「觀休文衆製，五言最優。齊永明中相王愛文，王元長等皆宗附約，于時謝朓未遒，江淹才盡，范雲名級又微，故稱獨步。故當辭弘於范，意淺於江。」蓋追宿憾以報約也。屼字長丘，位建康令卒，著良吏傳十卷。嶼字季望，永嘉郡丞。

㈠生卒年及詩品成書時間考

鍾嶸的生卒年，亦乏確切資料，台灣中華書局印行之劉某中國文學發達史載爲齊（ ？ ）至梁元帝承聖元年（西元 ？ —五五二年），而幼獅大學國文選詩品序之作者小傳本之。另車柱環先生「劉勰與鍾嶸二家的詩觀」載爲宋大明七年至梁天監十七年（西元四六三—五一八）。據後說，則壽止五十六歲而已。生約與劉勰同時，卒則早於劉勰三至四年。鍾嶸的家庭環境較劉勰爲好，當劉勰在二十出頭年歲，因母死家貧，無力婚娶，進到佛寺依僧祐生活十幾年，苦修傳統學術並研閱佛理的時候，鍾嶸此時正在京師作國子生，接受良好的教育。由於得到老師領國子祭酒王儉的賞接，所以仕宦也比劉勰爲早。齊明帝建武初（四九四—）便做南康王侍郎。而劉勰直到梁天監初（五〇二—）始起家奉朝請，奉朝請者，奉朝會請召的準官員而已（註四二），不過入梁以後，劉勰得沈約之推譽，鍾嶸則遭沈約的拒斥，因之劉鍾二人仕途就有升沈之不同了；劉勰做了太子親近的通事舍人，深受愛接，盛得君臣魚水之樂。又做了一陣子步兵校尉，成了帶兵官，而且文名甚著，不僅京師寺塔碑誌必請他製文，武帝更敕他與慧震於定林寺撰經，可說頗得「聖眷」了。於時鍾嶸卻只在臨川王、衡陽王、晉安王的府中遊幕。他的所以鬱鬱不伸，大概一由於他的耿介個性：三十歲左右做南康王侍郎的時候，年輕位卑，卻敢於上書直斥篡奪得國剛愎自用的齊明帝之失。以後更上書梁武帝，請大削濫爵之官，要打碎許多人的飯盌，無異與官僚蠹做對。二是由於他的文學見解：他反對宮商聲病，正好與沈約抵觸，詩品雖成於沈約死後，但平日持論，約必有所知。而劉勰的文心雕龍則有聲律篇，可為沈約之說張目。三是梁武帝篤信佛教，加以僧祐的受知宮廷，代為游揚，因之精研佛理擅於碑銘的劉勰，自然較易見賞。而鍾嶸雖不知其信仰如何，但在詩品中對老佛玄理入詩，是持堅決反對態度的，自然也較不合時宜。

關於詩品成書時間，日人鈴木虎雄的中國詩論史以為成於梁天監九年以後不遠的年代（註四二）。按詩品序說：「今所寓言，不錄存者。」而詩品論及梁代詩人甚多；如中卷品及梁中書郎丘遲、梁衞將軍范雲、梁太常任昉、梁左光祿大夫沈約，下卷品及梁中書令范縝、梁秀才陸厥、梁常侍虞羲、梁建陽令江洪、梁步兵鮑行卿、梁晉陽令孫察等，其中諸人卒年可知而最晚者為沈約。據梁書約本傳，約卒於梁武帝天監十二年（五一三），則詩品的寫定必在是年之後。詩品序說：「方今皇帝，……昔在貴遊，已爲稱首，況八紘既奄，風靡雲蒸。」當然指的是梁武帝，則詩品完成之時又必在武帝在位之時。又梁書本紀第四載：簡文帝天監五年封晉安王，十七年（五一八）徵為西中郎將，至梁武帝中大通三年（五三一），以晉安王繼昭明太子而為皇儲。而嶸本傳說：「……遷西中郎晉安王記室，嶸嘗評漢魏六朝五言詩，第甲乙，溯師承，名為詩評，頃之卒官。」西中郎為西中郎將屬官，據此可知，天監十七年嶸任職西中郎，然不久卽卒，故詩品之成書又必在天監十七年以前。總之自天監十二年至十七年凡五年之間可確定為詩品寫成的時間。故以鍾嶸詩品與劉勰文心雕龍成書時間相較，詩品後於文心約十三至十七年。而基於以上的考證，我們對於劉某中國文學發達史中所說鍾嶸的生卒時間以及所說：「文心雕龍早於詩品至少也有半世紀的事，是無可疑的（註四三）。」都可認為是無稽之談了。

【附註】

註一：劉勰，梁書卷五十（姚思廉撰）及南史卷七二（李延壽撰）均有傳。此錄南史。

註二：莒，今山東莒縣，晉太康元年置東莞郡，十年，將莒縣劃歸東莞。永嘉之禍，中原士族南遷，晉明帝時僑置南東莞郡，屬於南徐州，鎮京口（今江蘇鎮江）。劉氏族人居此數世，故日僧空海所著文鏡秘府逕稱劉勰為吳人。

註三：尙，事蹟不可考。越騎校尉為京師屯兵五校之一。階四品，秩二千石。劉氏自高祖劉爽以下，世代官宦，其世系表如左（參考宋書卷四二劉穆之傳、卷八一劉秀之傳、及梁繩褘文學批評家劉彥和評傳）。

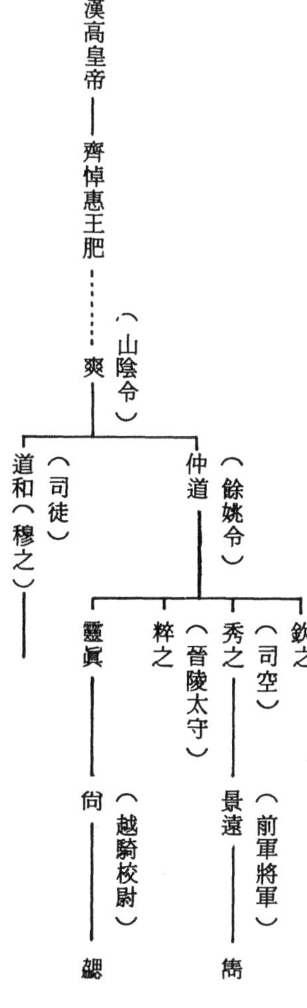

註　四：僧祐生於宋而卒於梁（西元四四五—五一八）。本姓俞氏。博雅能文，齊梁間受知宮庭，大宏佛法。主持建康定林寺，揚州建初寺等，廣集經藏；使人鈔錄要事，爲三藏記、法苑記、世界記、釋迦記，及宏明集等，皆行於世。事見慧皎高僧傳卷十一釋僧祐傳。

註　五：據此可知，核定經藏，區別部類，以至撰定諸集，多出勰手；因前後十餘年中，勰既博通經論，而又長於文才。加以僧祐宏揚佛法，各地奔走，自難潛心著述。故鈔錄要事，或需多人，而勘定撰集，自然非勰莫屬。

註　六：通事舍人掌呈奏案章，爲太子侍從。故後世稱劉勰多稱劉舍人。隋書百官志上：「通事舍人舊入直閣內，梁用人殊重，簡以才能，不限資地，多以他官兼攝。」東宮通事舍人雖屬有異，原其職責，諸史雖未詳，性質應相仿佛。可見勰任此職，遇合匪輕。

註　七：七廟，天子宗廟。禮王制：「天子七廟，三昭三穆，與太祖之廟而七。」二郊，天地之祭。農社，社稷之祭；禮運：「天子祭天地，諸侯祭社稷。」

註　八：步兵校尉掌宮廷禁衛，品秩與越騎校尉同。宋書百官志下：「步兵校尉……漢武帝置。……掌上林苑門屯兵。」

註　九：昭明太子名統，梁武帝長子，天監中立爲皇太子，後居喪哀毀，年三十一而卒，謚昭明。著有文集及文選等書。據何融文選編撰時期及編者略考附蕭統年表知勰之侍統，當天監十六年，太子年十七時。

註　十：馬融、鄭玄等漢代經學大師。

註十一：五禮，謂吉、凶、賓、軍、嘉五禮，見禮記祭統鄭注。六典，謂治典、教典、禮典、政典、刑典、事典。見周禮太宰職。

註十二：易上繫「大衍之數五十，其用四十有九。」

註十三：沈約時事齊和帝，爲驃騎司馬，遷梁臺吏部尚書，兼右僕射。時蕭衍雖尚居藩國（封梁王），久已帝制自爲。故約名雖府僚，實則權同宰輔。

註十四：勰所製碑文，現存僅有梁建安王造剡山石城寺石像碑一篇，載孔延之會稽掇英總集卷十六。其他題名尚存而文已亡佚的尚有數篇，分見出三藏記集卷、高僧傳、及法集雜記銘目錄序等。

註十五：僧祐卒於天監十七年。其生前主持之撰經，雖兩度整理，但續有收集，未及編撰，武帝慮其散失，故於十九年敕勰與慧震作第三度之撰定。

註十六：張嚴，文心雕龍通識，頁一〇九。

註十七：劉勰年譜（民國六十五年嘉新水泥公司文化基金會出版）。

註十八：載王更生所編纂之文心雕龍研究論文選粹頁六二二。（育民出版社）

註十九：載前書頁二四二。

註二〇：梁劉彥和先生年譜稿（載國立臺灣師範大學國文系國文學報第二期，民國六十二年四月印行）。

註二一：文心雕龍批評論發微頁四。（聯經出版事業公司）

註二二：潁川，今河南淮陽縣。

註二三：鍾雅，晉長社人，官御史中丞。蘇峻之亂，與劉超共侍天子，至石頭，被賊害，追贈光祿勳。晉書卷七十有傳。

註二四：中軍，中央統兵之要職；古制分中左右三軍，中軍爲發號施令之所，主帥自將之。參軍，南北朝時凡親王、將軍、都督之幕府，多設此官。按性質再區分爲諮議參軍，掌謀畫。記室參軍，掌文翰。行參軍，以他官兼攝。見歷代職官表所附歷代職官簡釋，頁一二三。

註二五：永明，齊武帝年號，共十一年（西元四八三—四九三）。國子生即國學生；國學別於鄉學，古稱太學，晉改稱國子學，唐以後稱國子監，其主官稱祭酒。

註二六：王儉，臨沂人，歷官宋齊兩朝，累官尚書左僕射，領吏部，封南昌郡公。少好禮學，尤善春秋，言談造次，必於儒教，衣冠翕然。卒謚文憲，著有七志。

註二七：建武，齊明帝年號（四九四—四九八）。

註二八：南康王蕭子琳，齊武帝第十九子，永泰元年見殺，年十四。晉時王國有侍郎，掌贊相威儀，通傳教令。大國四人，小國二人。南朝因之。

註二九：齊明帝蕭鸞，高帝兄道生之子。武帝卒，殺廢帝昭業，立廢帝昭文，旋篡位自立，在位五年。

註三〇：司徒，三國以後往往以丞相掌握實權，而仍設司徒以位置有資望之大臣。行參軍注見前。
永元，齊東昏侯年號，東昏殺尚書令蕭懿，懿弟衍起兵，廢東昏侯，立和帝。一年，禪於梁。

註三一：九列，謂九卿之職；漢以大常、光祿勳、衛尉、太僕、廷尉、鴻臚、宗正、大司農、少府為九卿，歷代因之。六校，謂校尉之官，為武職之榮名，位次將軍。按漢武帝初置中壘、屯騎、步兵、越騎、長水、胡騎、射聲、虎賁等校尉為八校。後漢以屯騎、越騎、步兵、長水、射聲為五校，皆掌宿衛兵。自魏晉以下與後漢同。六校之名無考。

註三二：騎都尉，官名，漢置。與奉車、駙馬並稱三都尉，為隨從護衛之官。郎將，官名，即中郎將，秦漢時為主宿衛之官。

註三三：纓，冠系也；見說文。段注：「系者係也。以二組繫於冠，卷結頤下，是謂纓。」服既纓組，謂冠戴為官。臧獲，古奴婢之稱。

註三四：晉書卷八二陳壽傳：「杜預將之鎮，復薦之於帝，宜補黃散。」按晉書百官志：「散騎常侍，侍郎與侍中、黃門侍郎共平尚書奏事。」故有黃散之稱。

註三五：素族謂平民（見南史卷二二王儉傳）。清貫謂侍從之官（見正字通）。此言出身平民士人宜循侍從升進，濫得軍爵者，一律削除。

註三六：此言出身寒微者，任職不得超越其門品，不能因在軍而超升，破壞門第，躋身清級，此點自是囿於六朝閥閱之習。

註三七：此言對僑寓北人，雖應綏撫，亦不可使竊虛號，當嚴斷祿力。傖楚，鄙賤之稱，南朝每以此譏稱北人。

註三八：衡陽王元簡，梁武帝第四弟，天監三年襲封，歷會稽太守，持節都督廣交越三州諸軍事。寧朔為雜號將軍稱號。

註三九：何胤，梁人，字子季，齊武帝時官建安太守，後隱居會稽。若耶山在今浙江紹興縣境。

註四〇：梁武帝子蕭綱，於天監五年封晉安王，十七年徵為西中郎將。武帝中大通三年繼昭明太子為皇儲。即位稱簡文帝。西中郎為西中郎將之屬官，嶸以西中郎本官兼記室。

註四一：梁書卷五十勰本傳云：「天監初，起家奉朝請。」宋書百官志下：「奉朝請，無員，亦不為官；漢東京罷省，三公、外戚、宗室、諸侯，多奉朝請，奉朝會請召而已。」按緦初進，當爲備用官員。

註四二：見中國詩論史頁六八。

註四三：見中國文學發達史頁二八六。

第二節　寫作背景

在中國歷史上，魏晉南北朝是社會最混亂，變化最劇烈，文化思想最複雜，然而也是文學思潮最蓬勃的時代。劉勰與鍾嶸生於南朝齊梁之間，齊梁是這整個大時代的一環，他們兩人的作品不論是「同乎舊談」或「異乎前論」，自然均不能脫離這一時代的影響。因此，我們研究劉、鍾二人的文學思想，自不能不先了解其時之環境與文學風氣，孟子曰：「頌其詩，讀其書，不知其人可乎？是以論其世，是尚友也（註一）。」蓋卽此意。

一、時代環境

(一)政局動盪，戰亂頻仍

漢獻帝建安元年（西元一九六），曹操挾帝遷都許，開啟了曹氏時代，綿延了四百年的漢王朝，至此事實上已告天祿永終。自此至隋文帝開皇九年（五八九）滅陳而全國復歸統一，凡三百八十四年（若從曹丕建安廿五年受禪算起，則爲三百五十九年），是謂魏晉南北朝時代；是中國分裂戰亂最長的一段時間，比起兩漢的四百年長期統一安定之局，時間幾乎相等，一治一亂，成爲强烈的對比。

早在東漢末葉，桓靈昏亂，內而外戚宦官之爭權，外而「黨禍」「黃巾」之屠殺，已是國本動搖，危機四伏。接着何進召戎，董卓肆虐，兩京丘墟，中原糜沸。然後曹操擅權，羣雄割據，再降為三國的紛爭，司馬氏的篡奪，至晉武平吳（二八四），才結束了將及九十年的擾攘。但西晉統一承平之局只維持了十二年，又陷入了賈后的亂政與八王之亂；骨肉相殘了十六年，剛復蘇了的一點社會生機，又被斬刈以盡。於是禍寄腹心的五胡之亂開始了；永嘉建興之禍，懷愍被擄，晉室東遷，自此偏安江左百有三年（元帝即位至恭帝被黜。三〇七—四〇九）。至於北方則先後經十六國的華夷雜糅的攻奪，歷百三十五年（自劉淵稱漢王至北涼降北魏。三〇四—四三九），而南北朝對峙之勢以成。以後南朝有宋齊梁陳的篡奪相繼，共歷一百六十九年。北朝經北魏的九十四年，又分裂為東西魏，再更迭為北齊北周，復經四十六年。到此亂得也差不多了，天心厭戰，總算由隋朝來完成統一。

綜觀這一時期，政權更替之繁，南北交戰及各自內戰之多，以及各民族間仇殺之慘，紛紛紜紜，罄竹難書，眞是干戈雲擾，禍亂連年，生民憔悴，人性失常之時，我們說這一時代的中國是一大「修羅場」，這一時代的歷史是一部「相斫書」，當不為過。

(二)人命微賤，橫被摧殘

亂離之世，人命不如草芥；兵燹、疾疫、饑荒、暴政交相荼毒，人民死亡之慘，可以想見，隨舉二事以證：董卓之亂，東京洛陽附近，「千里無人煙。」（曹植送應氏詩）而西京長安「二百里內，無復孑遺。」（後漢書卷七二董卓傳）永嘉之禍後，劉琨自河北上書：「臣自涉州疆，目睹困乏，流移四散，十不存二，攜老扶弱，不絕於路。及其在者，鬻妻賣子，生相捐棄，死亡危委，白骨橫野，哀呼之聲，感傷和氣。羣胡數萬，周匝四山，動足遇掠，開目睹寇（晉書卷六二劉琨傳）。」即此已可知大概了。至於公卿名士，在政治上之遭屠戮，比之戰禍，亦不遑多讓，玆引數例：

漢末曹氏擅權，「多忌才妒賢之擧（註二）。」名士如孔融、荀彧、崔琰、許攸、楊修、丁儀、丁廙等都因小隙被殺。（註三）

司馬氏襲其故智，變本加厲，以欺人孤兒寡婦，篡竊得國，故其一面翦除曹氏宗室，鞏固政權；一面要屠殺名士，禁制非議，曹爽之難，正始名士何晏、鄧颺、李勝、丁謐、畢軌、桓範等，並以與爽通謀，而遭族滅（註四）。同日斬戮，名士減半（註五）。

嘉平五年，司馬師又誅夏侯玄、李豐。玄、豐並負重名，時人目玄「朗朗如日月之入懷」，豐「頹唐如玉山之將崩」（註六），可說當時名士領袖。而史載玄「不交人事，不蓄華妍」；豐「歷仕三朝，家無餘積」（註七），卻只因「嘗議師不守臣節，欲謀退之，遂陷大戮（註八）。」

以上或許還算是牽涉了實際政治關係，而景光三年，司馬昭殺嵇康，那就更進於腹誹也要遭受顯戮的情勢了；起因只爲山濤擧康自代，康答書拒絕，因自說不堪流俗，而非薄湯武。大將軍聞而怒焉，遂借事除之。（註九）

下及兩晉南朝，此風不減。名士之被殺的，有周處、張華、潘岳、石崇、裴頠、歐陽建、陸機、陸雲、曹攄、潘尼、王衍、摯虞、劉琨、郭璞、盧諶、殷仲文、謝混、傅亮、謝靈運、范曄、劉鑠、王僧達、鮑照、王融、謝朓、陸厥等（以上除周處外，作品均見於文選）。

㈢儒學衰微，人心迷喪

自漢武獨尊儒術，罷黜百家，開啟了漢代經學的光輝時代。儒家之學重在明人倫、厚風俗、崇禮樂、興教化；小自個人修齊，大至國家治平，無不備具。因其有扶翼世道，和輯社會的功能，最為有助於達成政治上長治久安的要求，故自必受當政者的尊崇與提倡。（近代鄙人卻說儒學是封建統治的工具，實是倒因為果。）然而儒家在兩漢隆盛之際，已伏崇極而圮之兆，魏晉以後，遂一蹶不振，自宋至齊，竟連正史也已不為儒林立傳了。綜其衰微原因有三：

1.一家獨尊，失於進取：戰國之世，孟子的闢楊墨，荀子的非十二子，亦緣當時百家爭鳴，不如此，不足以自存。孟子說：「予豈好辯哉！予不得已也。」漢世儒家既受尊崇，形成獨大，因無競爭之對象，也乏批評的言論，本身自滿自足，思想上不僅不能推陳出新，發揚進步，甚至還趨向退化僵化，失去了創造活力。雖然也出了幾位識學超絕的思想家（註十），然而聲弱力單，不足以鍼砭那些墨守章句之儒的膏肓了。

2.異端乘入，迷偽失眞：秦漢之際，神仙方士的迷信，滲入儒家思想之中，西漢大儒已多習陰陽五行之說（註十一）。東漢一朝，讖緯之學盛行，以光武帝之英明，而迷於圖讖，任人行政，每取決於讖（註十二）；以鄭玄之淹博，而自矜「時睹祕書緯術之奧（註十三）。」於時士人以通七緯者為內學，通五經者為外學，且咸以內學為重（註十四）。儒學之眞面目幾全為神仙方士之說與圖讖占候之學所掩。

3.科舉利祿，獎競召偽：柳詒徵中國文化史論中國文化中衰的原因，說到科舉之弊，他說：

科舉之制發源於漢，而大備於唐，雖科舉考試可以泯貴族平民之階級；然以利祿誘人，奬競召僞，大損人格，實與古代教育之義相反（註十五）。

這話是眞有見地的，試檢討兩漢科舉的後果：

(1)對學術的影響：自漢武立博士之學，又詔吏通一藝以上，皆選擇補職。於是士人鄙視大義，窮研章句，班固在漢書藝文志六藝略敘中批評當時學風說：

碎義逃難，便辭巧說，安其所習，毀所不見，說五字之文，至於二三萬言（註十六）。

又在漢書儒林傳贊中評論說：

自武帝立五經博士，開弟子員，設科射策，勸以官祿，訖於元始（按漢平帝年號）百有餘年，傳業者寖甚，支葉繁滋，一經說至百餘萬言，大師衆至千餘人，蓋祿利之路然也（註十七）。

(2)對人格的影響：後漢書左雄傳論說：

漢初詔舉賢良、方正，州郡察舉孝廉秀才，斯亦貢士之方也。中興以後，復增「敦朴」、「有道」、「賢能」、「直言」、「獨行」、「高節」、「質直」、「清白」、「敦厚」之屬。榮路既廣，觖望難裁，自是竊名僞服，浸以流競。權門貴仕，請謁繁興（註十八）。

這種奔競鑽營之風，形成了許多倖進之徒，其結果便是：

舉秀才，不知書；察孝廉，父別居（註十九）。

而最爲影響世風的，還在於造成了許多假道學，以何曾爲例：他依附司馬氏而勸進，到賈充權擬人主，又卑屈附充，他的奢侈，就是日食萬錢而猶曰無下箸處。而傅玄著論，則盛稱他「內盡其心以事其親，外崇禮讓以接天下。孝子百世之宗，仁人天下之命（註二〇）。」所謂「百世之宗」「天下之命」者如是！

4.政尚功利，毀棄道義：漢魏之際，天下大亂，曹氏父子首爲倡導，摧毀節義，鄙棄名教，曹操有名的「建安四令」，尚法輕儒，不羞名節，惟才是用；不惜引用「負污辱之名，見笑之行，或不仁不孝而有治國用兵之術者（註二一）。」於是「忠饗離退，姦凶得志，邪流溢而不可遏，僞塗闢而不可杜。」（註二二）顧炎武論兩漢風俗有云：

> 孟德既有冀州，崇獎跅弛之士，觀其下令再三，至於求不仁不孝而有治國用兵之術者，於是權詐迭起，姦逆萌生，故董昭太和之疏，已謂當今少年不復以學問爲本，專以交通爲業；國士不以孝悌清修爲首，乃以趨勢利爲先。……夫以經術之治，節義之防，光武明章數世爲之而未足，毀方敗常之俗，孟德一人變之而有餘（註二三）。」

誠可謂慨乎言之！此所以兩漢數百年苦心培植的儒家名教觀念，爲之蕩然以盡了。

㈣清談稱盛，老莊告興

東漢末年，學風已由樸學而趨游談；士人善談論的輒獲盛名（註二四）。或爲美語，相爲品題（註二五）。或以覈論，高下人物（註二六）。諸如此類，已離孔子剛毅木訥之旨而啟清談之漸了。降及正始，由於君主大行威權，何晏、王弼等學者，本想藉清談以疏導人主之窮奢極侈，好行殺戮之習，故誦稱人主無爲自然，因任才能之說，當日三國競爭，虛名日進，故主張不尙名而責實效。又時天下多故，言談足以致禍，故有「安身莫如不競，修己莫若自保」之說。他們爲了推行主張，又引老莊之說來注經（註二七）。其後「竹林七賢」輩推波助瀾，向秀、王衍、郭象之徒述而廣之，思想益失檢制，遂致「儒墨之迹見鄙，道家之言遂盛（註二八）。」「虛無放誕之論，盈於朝野，使天下無復清議（註二九）。」

對於魏晉清談之風及其領導人物之功罪，歷代毀多於譽，詆之者指爲亡晉之厲階（註三〇），更有直斥何、王「二人之罪，深於桀紂（註三一）」的；回護之者，或謂「運有興廢，豈必諸人之過（註三二）。」或謂「五朝所以不競，由任世貴，又以言貌舉人，不在玄學（註三三）。」柳詒徵說：

> 按魏晉人之性質當分數種：有志世事，橫被誣污，以其清高，目爲浮華，一也。故作曠達，以免誅戮，不守禮法，近於佯狂，二也。風氣既成，自矜領袖，一唱百和，以言取名，三也。正始之風，未必卽釀永嘉之禍，求其因果，宜更推勘其曲折變遷，不可以一概論也（註三四）。

平情而論，清談的崇尙無爲，排棄世務，雖是有爲而發，但造成了士人消極的人生觀，尤其末流的毀棄禮法，自有其不容推卸之愆，但另一方面，它對玄學的硏究、語言的精造，以及敝屣名利，高尙其志，隱逸風氣的推動，亦有不可忽視的貢獻。就人物言。雖然王衍的一流，口說清談，而貪寵固位，使清談家爲世所詬病，但謝安一輩名臣，尙是旨趣玄遠，未可非議。至於晉代的禍亂，最直接的原因，恐怕還是不得不歸咎於政治；君位的不得其人——賈后的亂政、惠帝的愚癡，恰好那時胡漢雜居，而晉又行封建之制，增置諸王軍力，削弱州郡武力，於是八王弄兵，五胡亂華，遂致不可收拾。

二、文學風氣

㈠文學的創新與發展

有一時代之特殊背景，必有一時代的特殊文學，魏晉南北朝政治的混亂和黑暗，卻給了文學自由發展的園地及其發展所需的動力與內涵；在含義上，文學已不再從屬於學術而有了明確的意義（註三五），更以「文」「筆」之分，建立了純文學的概念（註三六）；在功能上，文學已不專爲載道的工具，而有了獨立的價值；在地位上，文學已不再視爲雕蟲篆刻的末技，而看做有經綸國家的作用了（註三七），這眞是中國文學的自覺期。在這一時期中，那板重堆砌的漢賦衰落了，而代之以輕靈華美的詩文。在文學的發展上，對於律詩的形成，駢文的創始，和文學理論的建立，皆有不朽的業績。單就詩歌方面而言，則有以下的成就：

1五言詩的成熟：五言詩胎息於樂府，經二三百年的試作，到東漢末年便正式成立了，古詩十九首可爲其代表。到了建安時代，更因曹氏父子的倡導，名家輩出，大放異彩。自此以後，「玄理」、「遊仙」、「山水」、「宮體」之作，相繼代雄，五言詩盛行垂五百年，到了唐代才被後起的近體詩所取代。

2律體的創建：律體的建立，由於南朝齊梁之際音律說的興起。中國語言本具四聲，古人雖未發現，但秦漢以前詩歌在辭氣之間，音律和諧，自有暗合的地方，並非全無律體的影子。惟理論的產生，到魏晉才開始（魏李登著聲類），而完成於齊梁（沈約著四聲譜並創八病之說），更經何遜、陰鏗、謝朓、庾信等的實驗創作，於是為唐詩鋪下一條整齊的大道。

3.樂府詩的擴張：六朝偏安江左，吳越地方韶秀，金陵更為六代帝王州，朝野人士，耽於逸樂，貴遊之徒，競夸文采，文風極盛。但一般貴族文學，雕刻粉飾，實在全無生氣，惟有樂府受民歌的影響，情詞絕艷，為能別發曙光。此由五胡之亂，中原大族南遷，遂將漢魏以來相和歌曲的風骨，羼入到南方原有的吳語歌謠之中，而形成了纏綿宛轉的「南方兒女文學」；同時在淪陷的北方，原有渾厚樸實的中州士民，加入了外來遊牧民族的武勇豪健的素質，也創造了熱情慷慨的「北方英雄文學（註三八）。」

4.詩歌批評風氣的特盛：魏晉以後，右文風氣既盛，文學理論的建立，受時勢的要求而興起。自曹丕典論論文，陸機文賦發其端，沿流而下，論文（亦即論詩）之作，絡繹奔會。到了齊梁，有了五本專論：沈約的四聲譜，任昉的文章緣起，劉勰的文心雕龍，蕭統的文選，鍾嶸的詩品。除昭明文選外，其餘四種都是關於文學創作和批評理論的探討。文選雖未直接涉及理論，但它去取的標準，和所有分門別類的義例，也自有批評之理在。沈約和任昉的著作可惜已失傳，其餘三書，當然都是不朽之作了。

(二)促進文學發展的原因

魏晉南北朝時代的文學之有別開生面的發展，不外以下四項原因：

1.由於文學發展的自然趨勢：顧炎武說：三百篇之不能不降而楚辭，楚辭之不能不降而漢魏，漢魏之不能不降而六朝，六朝之不能不降而唐也，勢也。用一代之體，則必似一代之文，而後為合格，詩文之所以代變，有不得不變者（註三九）。

這裏提到的一個「勢」字，就是自然的趨勢，正如容肇祖所說：「如果我們用發生學的方法去研究中國文學史，則若干文體的生命彷彿像是有機體，傅斯年先生以為有機體的生命是由生而少而壯而老而死。如四言詩只限於春秋之末，漢朝以來的四言詩做不好。五言起於東漢的民間，曹氏父子三人才把它促成文學上的大體裁，獨覇了六朝的詩體，唐以後竟退居後列，只能翻個小花樣。七言造胎於八代，只是不顯，到了李杜才成大章法，宋朝以後，大的流變又窮了（註四〇）。」大概這即是易經「剝極而復」老子「反者道之動」的原理吧！而文學之在魏晉南北朝，卻正處於方興未艾的成長階段。就文章而言：由西漢的渾樸自然不刻求意匠經營的散文，變為東漢的春容整瞻散文化的駢文，再變為南朝「五色相宣，八音協暢（註四一）。」排比整齊、雕鏤精工的駢文；就詩歌而言：由西漢里巷歌謠的樂府進為文人創作的五言詩，由班固詠史的「質木無文」到曹植詩的「詞采華茂（註四二）」，再進至齊梁時代講求的「綺縠紛披，宮徵靡曼（註四三）。」豈不正是一種文體進步現象？至於其末流，形成「繁采寡情，味之必厭（註四四）。」的卑靡不振文風，自然又需新的變革了。

2.由於政治環境的刺激：自漢末以後，變亂紛乘，一般人民固然陷身於水深火熱之中，轉死溝壑，困苦不堪。而一般士人，或則出身寒素，受門第階級的限制，眼望「世冑居高位，英俊沈下僚（註四五）」，雖可自我解嘲「本不值高原，今日復何悔（註四六）」，終是有壓抑難伸之感；或則出身高門，躋位清要，但在那種政局動盪，政風暴亂的情形下，進不能改造時世，退不能安居遠禍，更如待宰之囚，人人自危。所以這一時代人們心情的苦悶、徬徨、恐懼、憂傷、怨憤等情緒的複雜交織，是可以想見的。當然其中，痛苦的莫如士人，而士人的深憂積鬱，便只有一一託之於詩文。所謂「藝術是苦悶的象徵」（見廚川白村著苦悶的象徵），「文窮而後工」（韓愈語），因此在政治上最黑暗的時期，文學反而一枝獨秀了。

3.由於領袖人物的倡導：「風俗之厚薄奚自乎？自乎一二人之心之所向而已（註四七）。」曹操崇獎跅弛之士，毀方敗常，弄得天下節義之防盡徹。但在文學上，卻也因曹氏父子的愛好，而著開風氣之功。曹植與楊德祖書云：

時人自謂握靈蛇之珠，家家自謂抱荆山之玉也，我王於是設天網以該之，頓八紘以掩之，今盡集茲國矣（註四八）。

劉勰文心雕龍時序篇說：

自獻帝播遷，文學蓬轉，建安之末，區宇方輯，魏武以相王之尊，雅愛詩章；文帝以副君之重，妙善辭賦；陳思以公子之豪，下筆琳瑯；並體貌英逸，故俊才雲蒸。

鍾嶸詩品序說：

降及建安，曹公父子，篤好斯文，平原兄弟，蔚爲文棟，劉楨王粲，爲其羽翼，次有攀龍附鳳，自致於屬車者，蓋將百計；彬彬之盛，大備於時矣。

可見建安文學之盛，與曹氏父子善於籠絡文人，而且本身又都善於屬文，親身倡導有關。此後南朝宋文帝、明帝父子，梁武帝及其子昭明太子、簡文帝、元帝等，並皆擅長詞藝，獎勵風流，因而造成雲蒸霞蔚的六朝文學盛況。

4.由於社會學風的轉變：兩漢以儒家思想爲中心，儒家的文學觀是「載道」，是「經世」，荀子說：「凡言不合先王，不順禮義，謂之姦言（註四九）。」顧炎武說：「文之不可絕於天地間者，曰明道也，紀政事也，察民隱也，樂道人之善也，若此者有益於天下（註五〇）。」基本上要文學表現倫理道德，要發生勸導諷諭的實際功用，所以排斥非現實的事蹟，虛美的辭藻，和個人的空想與情感。但到了魏晉之際，儒學寖衰，「魏正始以後，更尙玄虛，公卿士庶，罕通經學（註五一）。」儒學的衰微，道德對藝術的限制性減低，文學乃得自由發展。加之世亂失常，厭煩道德教訓過甚的人，便轉向道家思想中尋求解脫。老莊是講虛無主義的，是超世的，故信仰道家思想的人以自隱無名爲務，而趨向於高蹈主義。因爲高蹈隱世，可以獨善，個人可以絕對的自由適意，而這些人所創造的文藝，自然也就是以玄理、游仙、或寄情山水爲旨趣。陶淵明雖名教中人，然因時代風氣所被，受老莊之波流亦不少，如歸去來辭，有「心爲形役」之歎，五柳先生傳，標「不求甚解」之旨；前者是道家語，後者則是對兩漢經生的反響，這就是玄言所以代昌並影響文學思想的原因。東晉以後，佛教亦趨興盛，佛道同是消極厭世的，也都注重思想的妙悟和語言的精微，對魏晉六朝文學的發展，都有重大的影響。

㈢文學思潮的內涵

1道家的自然主義：魏晉間老莊學說的研究，形成了達觀主義和快樂主義的人生觀，因而在文學的思想方面，表現爲感情灑脫、思想自由，不與現實的社會相接觸；在技巧方面，則斥文飾之美而愛樸素。道家據其虛無主義而否認美醜善惡的絕對性，認爲美醜善惡、有無難易、長短高下等互相對待而生的現象都是相同的。不僅不承認美善有何絕對的價値，且進而斥責美感是損害人性的東西。老子說：「五色令人目盲；五音令人耳聾；五味令人口爽；馳騁畋獵，令人心發狂。」（註五二）這是否定世俗的所謂美感，是鄙棄人工而欲保全天眞。莊子將這種思想更加以敷衍，說什麼「擢亂律呂，鑠絕竽瑟，塞瞽曠之耳，而天下始人含其聰矣。」（註五三）認爲世俗的音樂美術都是人工之美，而眞美只存於天然。這種論調看來雖似會阻碍文學藝術的發展，其實他反而有牽制文學藝術趨於徒追世俗之美，專事技巧講求的作用。所以當晉世文學競趨於雕琢唯美的時候，陶淵明獨能超出流俗，返於眞樸，而特爲可貴。鍾嶸評他「文體省淨，殆無長語，篤意眞古，辭興婉愜；每觀其文，想其人德，世嘆其質直。」這種「眞古」、「質直」不正是道家自然主義的眞髓嗎！

2個人的浪漫主義：魏晉文人的人生觀，整個來說，是儒家人生倫理化的反動，而以追求人生自然化的生活爲目標。文人的作品多半脫離現實社會人生，充分表現超然的神祕的浪漫情緒；此時期的詩歌主流，不外以下幾種成分：

⑴玄虛的老佛思想：以老莊思想爲根柢的玄理詩，在魏晉時代，蔚然成風；著名作家有何晏、

阮籍、張華、石崇、郭璞等，到了東晉的孫綽、許詢，再加以佛理。劉孝標世說新語注引續晉陽秋說其演變，頗為明白：

正始中，王弼、何晏，好莊老玄勝之談，而世遂貴焉。至過江，佛理尤盛。故郭璞五言，始會合道家之言而韻之。詢及太原孫綽，轉相祖尚，又加以三世之辭，而詩騷之體盡矣。………至義熙中，謝混始改。

(2)神祕的遊仙思想：遊仙思想來自道教的迷信。這種空想的遊仙思想又基於想求超越現實的社會心理。人生常處貧賤，坎坷苦辛，於是追求富貴，但也知富貴不免受自然的限制，所以更求超自然。當然，也有藉這種詩的形式，寄託他自己苦悶的心靈（如阮籍），或以之自敘懷抱的（如郭璞），而詩中那種離奇幻化的境界也很能啟發想象，不能全以迷信看待的。

(3)偷生的快樂思想：此種思想與遊仙思想同其淵源；由於富貴功名之不可必得與不能久保而求神仙，又因神仙到底渺茫，不如及時享樂，乃更轉而求人間富貴。然而富貴既隨得隨失，神仙又當然不可求，迷夢終於成空，無奈且圖眼前快活。故生命無常，及時行樂，即快樂思想的心理基礎。自然這種思想與頹廢態度有不可分的關係，以魏武之雄，也還興「對酒當歌，人生幾何！」「何以解憂，惟有杜康。」這樣的「悲涼之句（註五四）」，那些多情的詩人自然更要藉醇酒美人的一時之歡，來消萬古清愁了。

(4)避世的隱逸思想：老莊的無為遁世，是隱逸思想的根源。兩晉玄言文學末期，人心深受遊仙思想的感染，佛家的解脫觀念更促使文士紛紛尋求精神生活的歸宿，於是乎山水名勝成為他們寄託吟詠的對象；魏晉名士的招隱詩，陶淵明的田園詩，謝靈運的山水詩，都是這一思想的延伸。在六朝文學中，這類作品是最優秀的，因為玄理詩過於枯淡，遊仙詩過於玄虛，而山水文學藉自然的景物，表現思想與感情，增加了文學作品中的形象性，也改變了文學的語言。它既能脫出現實的塵俗，卻又表現一個合乎人情的境界，六朝文學之所以被人愛賞，原因就在這裏。

3.形式的唯美主義：魏晉六朝的文學可以說是一個藝術至上主義的純文學時期，其流別可分為二派：一派是前面已談到的受老莊思想與佛教思想的陶融，不求雕刻藻飾的自然主義；另一派則是承辭賦派的遺傳，注重造詞，趨於駢儷一方面，為藝術而藝術，不以致用與載道為目的，而傾向於形式的唯美主義，實在說：這後一派才是魏晉六朝文學的主流。所謂形式的唯美主義，其特點就在講求對偶、韻律、用典和修辭；易言之：就是文字要綺麗，用事要典切，對偶要精工，音調要鏗鏘，一切以美為最高標準。而所謂美則純從技巧上形式上着眼。而風氣既開，踵事增華，於是由「太康的駢偶對仗、元嘉的雕琢隸事，以至齊梁的宮商聲病，一波波高潮，把藝術技巧推展到了高峰。」（註五五）當然，這種惟鶩形式忽視內容亦即重文輕質的作風，無疑要形成許多弊病。南齊書文苑傳論說：

> 啟心閑繹，託詞華曠，雖存巧綺，終致迂迴，宜登公宴，未為準的。而疏慢闡緩，膏肓之病；典正可采，酷不入情。緝事比類，非對不發，博物可嘉，職成拘制。或全借古語，用申今情，崎嶇牽引，直為偶說，惟睹事例，頓失情采。此則傅咸五經，應璩指事，雖不全似，可以類從。

次則操調險急，發倡驚挺，雕藻淫艷，傾炫心魂。

隋書卷六六李諤傳，諤上書：

江左齊梁，其弊彌甚。……遂復遺理存異，尋虛逐微，競一韻之奇，爭一字之巧。連篇累牘，不出月露之形，積案盈箱，惟是風雲之狀。

總之，六朝的文學，可說是一切文體都受了辭賦的籠罩，都「駢儷化」了。爲了追求駢儷的辭藻與音韻之美，那內容的情趣是可以忽略的，當然對於天下興亡、民生治亂，更不措意了。不過唯美主義文學，仍然有其不可抹煞之價值：第一、文學固然不能完全脫離社會現實，但美的事物，純然訴取感官直覺，依然可以引起美的情緒，搖蕩性靈，提高人的情操，脫離塵俗的污染，發生感人效果的；第二、唯美文學最能表達中國語文的特質，將中國語文的形、音、義三者之美發揮無遺，劉師培中古文學史中說：「儷文律詩爲諸夏所獨有，今與外域文學競長，惟資斯體。」五四時代倡導「文必廢駢，詩必廢律」，也只能說廢除過份駢儷與格律，卻不能完全摒棄駢律的影子，否則便不成其爲中國詩文了。

三、著作動機

劉勰之著文心雕龍和鍾嶸之著詩品，同樣是基於不滿意於當時的創作和批評，而欲有所匡正，但在宗旨上劉勰有敷贊聖旨，扶翼經典的道德理想，在範圍上文心雕龍欲籠罩羣言，囊括一切文體的宏大規模；鍾嶸沒有這樣的理想和抱負，他只針對當時流行的五言詩體及其代表作家與作品加以批評和品第，想建立一個準確的創作與批評標準而已。而就其性質言，前者是文學批評的批評，爲文學批評的指導者，後者是文學的批評，爲文學作品的指導者；前者常傾向於歸納和推理的批評，後者較偏於賞鑑的批評（註五六）。玆分論其著作動機如下：

㈠文心雕龍著作之動機

1.欲成名山事業，立言傳世：儒家的基本精神，是先修己而後安人，做一番淑世利民的事業，以成不朽之名。劉勰出身南徐州劉氏望族，其族人在劉宋時代聲名煊赫，人才蔚起。他自幼薰染在這種環境裏，而又飽讀儒書，心中自早有一種經文緯武以天下爲己任的抱負。程器篇說：

是以君子藏器，待時而動，發揮事業，固宜蓄素以弸中，散采以彪外，楩柟其質，豫章其幹，摛文必在緯軍國，負重必在任棟粱。

可以概見其素志。但蕭齊代宋，劉氏一族與先朝的關係，遭受政治上的嫉視，劉勰一官半職尙不可得，那還能談到立功？至於立德呢？又空洞而難知，於是只有向立言一途追求了。文心雕龍諸子篇說：

嗟乎！身與時舛，志共道申，標心於萬古之上，而送懷於千載之下，金石靡矣，聲其銷乎？贊曰：大（丈）夫處世，懷寶挺秀，辯雕萬物，智周宇宙，立德何隱，含道必授，條流殊述，若有區囿。

此言「身與時舛」而立功難，「立德何隱」亦爲不易，惟「志共道申」「含道必授」立言爲可能，故紀昀評此段爲「隱然自寓」。序志篇說：

夫宇宙綿邈，黎獻紛雜，拔萃出類，智術而已。歲月飄忽，性靈不居，騰聲飛實，制作而已。……形甚草木之脆，名踰金石之堅，是以君子處世，樹德建言，豈好辯哉？不得已也。

於此更申言智術之可貴，與制作之重要，而人生歲月苦短，更感立言之不可已了。然而立言從何致力呢？傳統的標準，自然是發展儒家的大道。序志篇說：「敷贊聖旨，莫如注經。」即是要如漢代經生的從事經籍的章句訓詁或闡釋微言大義。但這種工作，漢儒已做得很深入了，後人無法另創新解，度越前賢。序志篇說：「馬（融）鄭（玄）諸儒，宏之已精，就有深解，未足立家。」於是便不得不另闢蹊徑，想從文學上去求發展。序志篇說：

文章之用，實經典之枝條，五禮資之以成文，六典因之以致用。君臣所以炳煥，軍國所以昭明，詳其本源，莫非經典。

認爲文章的作用，是輔翼經典的。一切道德禮義的教訓，典章制度的興革，君臣的成德濟美，軍國的開物成務，都有賴文章的記述、褒美，故亦可謂經典的枝條，從此着手，亦算不違素志了。

2欲糾正當世浮靡文風，拯救文弊：魏晉文學，重文輕質，帶有唯美主義的色彩，由宋入齊，承元嘉之流風，更進而爲纖巧。蓋宋詩尚麗，而齊詩尚艷，麗與艷則色彩愈濃，而性情之眞也愈被淹沒。通變篇說：

黃唐淳而質，虞夏質而辨，商周麗而雅，楚漢侈而艷，魏晉淺而綺，宋初訛而新；從質及訛，彌近彌淡，競今疏古，風味氣衰也。

要阻止這種「彌近彌淡」一代不如一代的趨勢，他以爲：

第一要糾正形式上競奇逐豔浮詭訛濫的文風，序志篇說：

去聖久遠，文體解散，辭人愛奇，言貴浮詭，飾羽尚畫，文繡鞶帨，離本彌甚，將遂訛濫。

此爲以浮詭雕飾之辭句效奇之弊。定勢篇說：

自近代辭人，率好詭巧，原其爲體，訛勢所變。厭黷舊式，故穿鑿取新，察其訛意，似難而實無他術也，反正而已（註五七）。故文反正爲乏，辭反正爲奇。效奇之法，必顚倒文句，上字而抑下，中辭而出外，回互不常，則新色耳。……新學之銳，則逐奇而失正；勢流不反，則文體遂弊。

此爲故意變換顚倒文句效奇之弊。樂府篇說：

若夫艶歌婉孌，怨志詄絕，淫辭在曲，正響焉生！然俗聽飛馳，職競新異，雅詠溫恭，必欠伸魚睨；奇辭切至，則拊髀雀躍；詩聲俱鄭，自此階矣。

此爲詩辭與樂調俱趨淫靡效奇之弊。

第二要糾正內容上的虛矯失眞、言不由衷的文風：情采篇說：

後之作者，採濫忽眞，遠棄風雅，近師辭賦，故體情之製日疏，逐文之篇愈盛。故有志深軒冕，而泛詠皐壤，心纏幾務，而虛述人外，眞宰弗存，翩其反矣。……采濫辭詭，則心理愈翳。固知翠綸桂餌，反所以失魚。言隱榮華，殆謂此也。

此謂缺乏眞情，虛僞造作，徒逞辭藻的虛矯之弊。詮賦篇說：

逐末之儔，蔑棄其本。雖讀千賦，愈惑體要。遂使繁華損枝，膏腴害骨，無貴風軌，莫益勸戒。此揚子所以追悔於雕蟲，貽誚於霧縠者也。

此謂毫無實質，莫益勸戒，徒有形式的虛矯之弊。以上情形要怎樣去匡正呢？於是他本諸以復古爲革命的思想，提出了以儒家經典作範式的主張。通變篇說：「矯訛翻新，還宗經誥，斟酌乎質文之間，而隱括乎雅俗之際，可與言變通矣。」序志篇說：「周書論辭，貴乎體要，尼父陳訓，惡乎異端，辭訓之奧，宜體於要。」宗經誥，貴體要，兼文質，偕雅俗，這就是他理想的文格了。

3.欲糾正前人論文的疏失，正其體要：序志篇說：

詳觀近代之論文著作多矣，至於魏文述典，陳思序書，應瑒文論，陸機文賦，仲治流別，宏範翰林（註五八），各照隅隙，鮮觀衢路。或臧否當時之才，或銓品前修之文，或汎舉雅俗之旨，或撮題篇章之意。魏典密而不周，陳書辯而無當，應論華而疏略，陸賦巧而碎亂，流別精而少巧（梁書作功），翰林淺而寡要。又君山（桓寬）公幹（劉楨）之徒，吉甫（應貞）士龍（陸雲）之輩，汎議文章，往往間出。並未能振葉以尋根，觀瀾而索源。不述先哲之誥，無益後生之慮。

總術篇說：

昔陸氏文賦，號爲曲盡，然汎論纖細，而實體未該。

才略篇說：摯虞品藻流別有條理焉。

以上對於魏晉以來的文學批評，認爲大都斷簡零縑，少有完構，雖間有吉光片羽，終乏體大思精，洞察文學本源的著作，如不「振葉尋根」，「觀瀾索源」並加以系統化，則「無益後生之慮」了。劉知幾史通自序云：「詞人屬文，其體非一，譬甘辛殊味，丹素異彩，後來祖述，識昧圓通，家有詆訶，人相掎摭，故劉勰文心生焉。」又紀昀評文心序志篇云：「舍人之避席儒林，抗庭文苑，建言紹述，情非得已，篇名序志，職是之由。」都可謂深識劉勰之用心了。

(二)詩品著作之動機

1 對創作的不滿

(1)玄虛說理，毫無情趣：詩品序說：

永嘉時，貴黃老，稍尙虛談，於時篇什，理過其辭，淡乎寡味。爰及江表，微波尙傳，孫綽、許詢、桓庾諸公，詩皆平典似道德論，建安風力盡矣（註五九）。

(2)拘牽聲律，有傷眞美：詩品序說：

昔曹（植）劉（楨）殆文章之聖，陸（機）謝（靈運）爲體貳之才。銳精研思，千百年中，而不聞宮商之辨，四聲之論。或謂前達偶然不見，豈其然乎！嘗試言之：古曰詩頌，皆被之金竹，故非調五音，無以諧會。……今既不被管絃，亦何取于聲律耶？……故使文多拘忌，傷其眞美。

(3)用典繁密，文同書抄：詩品序說：

夫屬詞比事，乃為通談，若乃經國文符，應資博古，撰德駁奏，宜窮往烈。至乎吟詠性情，亦何貴於用事？……觀古今勝語，多非補假，皆由直尋。顏延、謝莊尤為繁密，于時化之，故大明泰始中，文章殆同書抄。近任昉、王元長等詞不貴奇，競須新事，爾來作者，寖以成俗，遂乃句無虛語，語無虛字，拘攣補衲，蠹文已甚。

(4)庸音泛濫，文風卑下：詩品序說：

今之士俗，斯風熾矣，裁能勝衣，甫就小學，必甘心而馳騖焉。於是庸音雜體，人各為容。至於膏衣子弟，恥文不逮，終朝點綴，分夜呻吟。獨觀謂為警策，衆睹終淪平鈍。次有輕薄之徒，笑曹劉為古拙，謂鮑照羲皇上人，謝朓今古獨步。而師鮑照終不及「日中市朝滿」（註六〇）；學謝朓，劣得「黃鳥度青枝（註六一）。」

2對批評的不滿：

(1)前人評文的不顯優劣，曾無品第：詩品序說：

陸機文賦，通而無貶；李充翰林，疏而不切；王微鴻寶（註六二），密而無裁；顏延論文（註六三），精而難曉；摯虞文志，詳而博贍，頗曰知言。觀斯數家，皆就談文體，而不顯優劣。至於謝客集詩（註六四），逢詩輒取，張騭文士（註六五），逢文即書。諸英志錄，並義在文，曾無品第。

(2)當代名公口頭評詩，漫無標準：詩品序說：

觀王公搢紳之士，每博論之餘，何嘗不以詩爲口實，隨其嗜欲，商榷不同，淄澠並泛，朱紫相奪，喧議競起，準的無依。

以上各項都是針對前人或當世評文與創作的不滿之處，而要提出他自己的主張。故詩品之作，同樣也是由於不能自已。恰好那時「彭城劉士章（繪）俊賞之士，疾其淆亂，欲爲當世詩品，口陳標榜，其文未遂，於是感而作焉。」可見鍾嶸之著詩品，也是有所取資的。至於對作者的品第，是否一如作品的優劣，可釐然劃分呢？他說：「昔九品論人（註六六），七略裁士（註六七），校以賓實，誠多未値。至若詩之爲技，較爾可知，以類推之，殆均博弈。」因爲論詩較論人爲易，因而敢於自信定人詩品之高下是「較爾可知」的。

【附　註】

註　一：孟子萬章下。
註　二：趙翼廿二史札記卷七「三國之主用人多不同條」。
註　三：魏志卷一武帝紀、卷二文帝紀及諸人本傳。
註　四：魏志卷四齊王芳紀及卷九曹爽傳。
註　五：魏志卷二十八王淩傳注引漢晉春秋。
註　六：世說新語容止篇。
註　七：魏志卷九夏侯玄傳及注引魏略。

註　八：魏志卷二十八毌丘儉傳注引儉表文。

註　九：魏志卷二一王粲傳引魏氏春秋。

註　十：如王充著論衡—着力破除迷信，糾正虛僞；王符著潛夫論—倡民本主義的理想政治；仲長統著昌言—主限田以塞兼併，重宰執以清政象等。

註十一：如董仲舒以春秋災異，推陰陽錯行之故；高相專說陰陽災異；京房長於災變；翼奉好律曆陰陽之占；劉向著洪範五行傳等。見漢書儒林傳及各本傳。

註十二：如讖文有「王梁主衛」之語，遂以王梁爲司空，讖文有「孫咸征狄」之語，遂以孫狄爲大司馬。見後漢書卷二十二王梁傳。

註十三：後漢書卷三十五鄭玄傳附戒子益恩書。

註十四：朱彝尊曝書亭集卷六十說緯。

註十五：中國文化史第二編中古文化史第一章頁三。

註十六：漢書卷三十藝文志。

註十七：漢書卷八十八儒林傳。

註十八：後漢書卷六十一左雄傳。

註十九：葛洪抱樸子審擧篇。

註二〇：晉書卷三三何曾傳。

註二一：三國志魏志武帝紀注引魏書二十二年令。

註二二：葛洪抱樸子過漢篇。

註二三：顧炎武日知錄卷十三兩漢風俗條。

註二四：後漢書卷六八郭太傳。

註二五：後漢書卷六七黨錮傳。

註二六：後漢書卷六八許劭傳。

註二七：如何晏的論語集解，王弼的論語釋疑，及與韓康伯合作注易，都是經書玄學化的工作。

註二八：晉書卷四九向秀傳。

註二九：晉書卷四七傅玄傳。

註三〇：晉書卷九一儒林傳及顧炎武日知錄卷十三正始條。

註三一：晉書卷七五范寧傳。

註三二：世說新語輕詆篇袁虎對桓溫語。

註三三：太炎文錄卷一五朝學。

註三四：中國文化史第二編第五章頁三九。

註三五：「文學」一詞在周秦時代指的是文章、博學二義，兩漢以「文學」概示學術，而另以「文章」表示今日語義的文學，至宋文帝立四學，始以「文學」與「儒學」「玄學」「史學」對立。參閱羅根澤魏晉六朝文學批評史頁一一二。

註三六：文心雕龍總術篇：「今之常言，有文有筆，以爲無韻者筆也，有韻者文也。」

註三七：曹丕典論論文「夫文章經國之大業，不朽之盛事，年壽有時而盡，未若文章之無窮。」葛洪抱樸子尙博篇「文章之與德行，猶十尺之與一丈，謂之餘事，未之前聞。」

註三八：胡適白話文學史第七章「南北新民族的文學」。

註三九：日知錄卷十九。

註四〇：中國文學史大綱緒論頁三。

註四一：沈約宋書卷六七謝靈運傳論。

註四二：詩品序及卷上魏陳思王植詩評。

註四三：梁元帝金樓子立言篇。

註四四：文心雕龍情采篇。

註四五：左思詠史詩，昭明文選卷二一。

註四六：陶潛擬古其九，楊勇陶淵明集校箋頁一九八。

註四七：曾國藩原才。

註四八：昭明文選卷四十二。

註四九：荀子非相篇。

註五〇：日知錄卷十九。

註五一：南史儒林傳。

註五二：老子十二章。

註五三：莊子外篇胠篋第十。

註五四：曹操短歌行詩句及鍾嶸詩品卷下評魏武（曹操）詩之語。

註五五：成惕軒詩品與鍾嶸，中央月刊三卷十一期。

註五六：參閱郭紹虞中國文學批評史頁五十。

註五七：文心雕龍定勢篇范注「通變篇曰『宋初訛而新』，齊梁承流，穿鑿益甚，如江淹恨賦『孤臣危涕，孽子墜心』，強改墜涕危心爲危涕墜心，於辭不順，好奇之過也。」

註五八：魏文帝曹丕著典論論文（全三國文卷八）。陳思序書謂曹植與楊德祖書（文選卷四二）。應瑒有文質論（藝文類聚二十二）。陸機文賦（文選卷十七）。摯虞（字仲治）文章流別論（全晉文七十七輯）。李充翰林論（全晉文五十三輯列八條。）

註五九：詩品列孫綽、許詢爲下品，桓溫、桓玄、庾亮等皆未列名。

註六〇：鮑照代結客少年場行詩句。

註六一：南齊虞炎玉階怨詩句，遠在謝脁之下，謂學謝脁不能得，僅學得此等句法，體殊卑下。

註六二：南史王鴻傳無著鴻寶之文。隋志子部雜家有鴻寶十卷，不著撰人姓名。

註六三：顏延之著庭誥，其中有論文者。

註六四：謝客即謝靈運（小字客兒），隋書經籍志載詩集五十卷，謝靈運撰。

註六五：隋書經籍志，張騭著文士傳五十卷。

註六六：漢書古今人表列九等之序。

註六七：劉歆總極羣書，而奏其七略（漢書藝文志）。

第三節　著作内容

一、文論體系

㈠文心雕龍之文論體系

1文心雕龍命名之義：序志篇說：

夫文心者，言爲文之用心也。昔涓子琴心，王孫巧心，心哉美矣，故用之焉。古來文章以雕縟成體，豈取騶奭之羣言雕龍也（註一）。

這是指藝術的創作，必須要有高度的慧心，昔人曾以「心」爲名，著「琴心」「巧心」，故此以「文心」爲名，來說明爲文之用心；又自來文章講求刻畫辭藻，繁飾文采，好像精心雕鏤龍文一般，故並名「雕龍」。連合起來說：就是研究文章精妙的思想，華麗的形式的意思。

2文心雕龍全書體系：全書共五十篇，除最末序志一篇爲總序外，其餘四十九篇中前二十五篇分論文原及文體，可謂全書之大綱；後二十四篇專論文學的創作與批評，可謂全書之細則。序志篇敍此四九篇之篇意，十分清楚：

蓋文心之作也，本乎道，師乎聖，體乎經，酌乎緯，變乎騷，文之樞紐，亦云極矣。若乃論文叙筆，則囿別區分，原始以表末，釋名以彰義，選文以定篇，敷理以舉統；上篇以上，綱領明矣。至於割情析采，籠圈條貫；摛神性，圖風勢，苞會通，閱聲字；崇替於時序，褒貶於才略，怊悵於知音，耿介於程器；長懷序志，以馭羣篇；下篇以下，毛目顯矣。位理定名，彰乎大易之數，其爲文用，四十九篇而已（註二）。

所謂「彰乎大易之數，其爲文用，四十九篇而已。」自是他託體甚尊之處。根據其自序，文心五十篇之論述體系，可列表如下：

文原論：

原道、徵聖、宗經、正緯、辨騷（註三）——文之樞紐。

文體論：

明詩、樂府、詮賦、頌讚、祝盟、銘箴、誄碑、哀弔、雜文、諧隱（註四）——論文（有韻文）

史傳、諸子、論說、詔策、檄移、封禪、章表、奏啟、議對、書記——叙筆（無韻文）

創作論：

神思、體性（註五）、風骨、通變、定勢、情采、鎔裁、聲律、章句、麗辭、比興、夸飾、事類、鍊字、隱秀（註六）、指瑕、養氣、附會、物色、總術——割情析采，籠圈條貫（修辭之原理與方法）。

批評論：（註七）

時序、（物色）、才略、知音、程器——崇替、褒貶、怊悵、耿介。（批評之原理與標準）

總序：

序志——長懷序志，以馭羣篇（著述旨趣）。

此二十四篇其實就是前面文體論二十篇中每一篇的注腳。正如詩經之「六義」，以風雅頌爲詩之異體，以賦比興爲詩之異辭，風雅頌爲詩之成形，賦比興爲詩之所用（毛詩序孔疏），所謂用彼三事，成此三事，文心編著之體制，正亦仿此。

3.文心雕龍之詩論體系：在南朝時代，儘管一般對文體分類繁密（昭明文選分文體爲三十九種，文心雕龍文體論二十篇，細分之可達一百餘種），但實際上當時最重要的也只有詩和駢文兩種。英國漢學家David Hawkes評施（友忠）譯文心雕龍說：「劉勰的論述，在任何情況下，幾乎都是全部集中在作詩法的考索（註八）。」我們說文心雕龍即爲詩論的專門著述，亦無不可（文體論中不屬詩體的十幾篇除外）。茲將文心雕龍有關詩論的體系列表如下：

(1)詩原論與詩體論篇次系統表（參照范文瀾文心雕龍注原道篇附表製成）

（雙線示詩之體系）

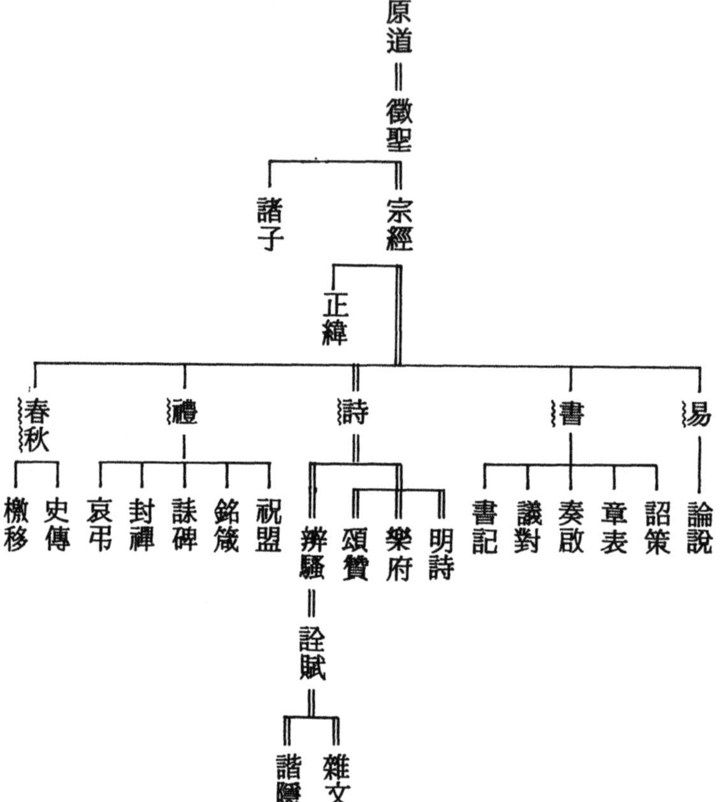
原道
徵聖
諸子
宗經
正緯
易
書
詩
禮
春秋
論說
詔策
章表
奏啟
議對
書記
明詩
樂府
頌贊
辨騷
詮賦
雜文
諧隱
祝盟
銘箴
誄碑
封禪
哀弔
史傳
檄移

(2)詩之創作論篇次系統表（迻錄范文瀾文心雕龍注神思篇附表）

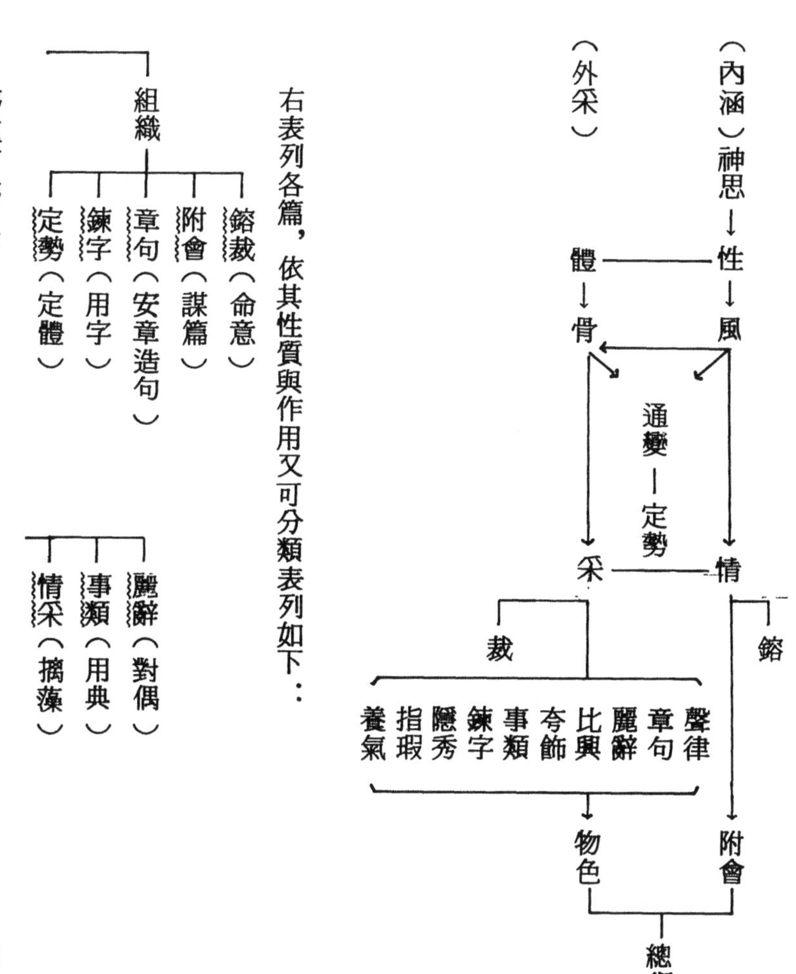

右表列各篇，依其性質與作用又可分類表列如下：

組織
- 鎔裁（命意）
- 附會（謀篇）
- 章句（安章造句）
- 鍊字（用字）
- 定勢（定體）

- 麗辭（對偶）
- 事類（用典）
- 情采（摛藻）

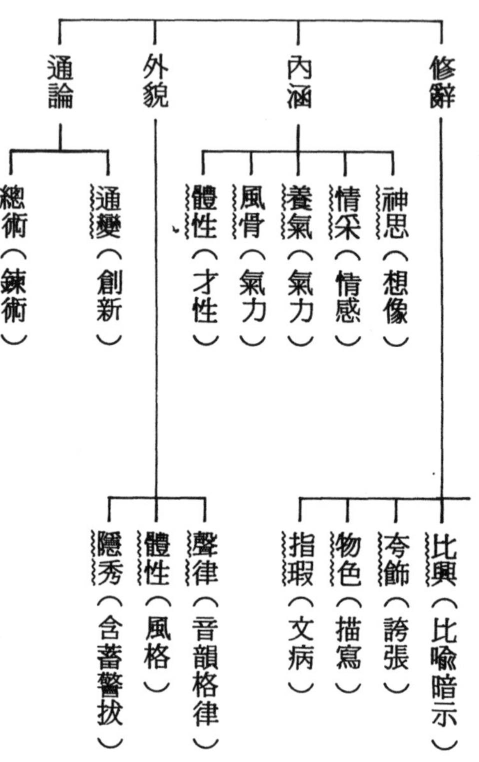

(3) 詩之批評論篇次系統表

- 時序——文學與時代潮流之關係
- 物色——文學與自然景物之關係
- 才略——文學與作家才情之關係
- 知音——文學與讀者鑑賞之關係
- 程器——文學與作家品行之關係

(一)詩品之文論體系

1詩品定名之義：詩品一書，南史作詩品，而梁書、隋書藝文志及唐書藝文志均作詩評。按「品」字義訓：國語鄭語「以品處庶類者也」，韋昭注「高下之品也。」漢書卷八七揚雄傳「稱述品藻」顏師古注「定其差等」。又「評」字義訓：博雅「平也，議也。」廣韻「評量也。」增韻「品論也。」品之與評，雖有相通處，然「品」以定差等，「評」以定優劣，鍾嶸正以時人志錄，曾無品第，而取古今五言詩作者爲定三品升降，故書名自以作「詩品」爲是。

2品第詩人：詩品一書之最大特點，在於品第詩人，他選取上起漢魏，下至齊梁間的名詩人共一百二十二人，區分爲上中下三品。計上品十一人，中品三十九人，下品七十二人。序云：「網羅古今，詞文殆集，輕欲辨章清濁，掎摭利病，凡百二十人（按舉成數而言），預此宗流者，便稱才子，至斯三品升降，差非定制，方申變裁，請寄知音耳。」茲將所品第之詩人列表如下：

時代	上品 姓名	字號	代表作品	中品 姓名	字號	代表作品	下品 姓名	字號	代表作品
漢	古詩		十九首	秦嘉	士會	留郡贈婦	班固	孟堅	詠史
漢	李陵	少卿	與蘇武三首	徐淑		答秦嘉	酈炎	文勝	見志
漢	班姬		怨歌行				趙壹	元叔	疾邪
魏	曹植（陳思王）	子建	七哀、雜詩、贈白馬王彪	曹丕（魏文）	子桓	雜詩	曹操（武帝）	孟德	苦寒行
魏	劉楨	公幹	公讌、雜詩	何晏	平叔	擬古	曹叡（明帝）	元仲	長歌行
魏	王粲	仲宣	詠史、七哀	應璩	休璉	百一詩	曹彪（白馬王）	朱虎	詩佚
魏							徐幹	偉長	室思
魏							阮瑀	元瑜	駕出北郭門行
晉	阮籍	嗣宗	詠懷八十二首	嵇康	叔夜	幽憤、酒會	歐陽建	堅石	臨終
晉	陸機	士衡	招隱、擬古	張華	茂先	情詩、雜詩	應璩（瑒）	（德璉）	按應璩見中品此恐應瑒之誤
晉	潘岳	安仁	悼亡	孫楚	子荊	送別	嵇含	君道	悅晴
晉	張協	景陽	詠史、雜詩	王瓚	正長	雜詩	阮侃	德如	答嵇康
晉	左思	太沖	詠史、招隱	張翰	季鷹	雜詩	嵇紹	延祖	贈石季倫

宋	謝靈運		晚出西堂、登池上樓
晉	潘尼	正叔	迎大駕
晉	陸雲	士龍	答兄機
晉	石崇	季倫	明君辭
晉	曹攄	顏遠	感舊
晉	何劭	敬祖	遊仙
晉	劉琨	越石	重贈盧諶、扶風歌
晉	盧諶	子諒	覽古、時興
晉	郭璞	景純	遊仙
晉	袁宏	彥伯	詠史
晉	郭泰機		答傅咸
晉	顧愷之	長康	拜桓武墓
宋	謝世基		詩佚
宋	顧邁		詩佚
宋	戴凱		詩佚
晉	棗據	道彥	雜詩
晉	張載	孟陽	七哀
晉	傅玄	休奕	雜詩
晉	傅咸	長虞	贈何劭王濟
晉	繆襲	熙伯	挽歌
晉	夏侯湛	孝若	詩佚
晉	王濟	武子	詩佚
晉	杜預	元凱	詩佚
晉	孫綽	興公	秋日
晉	許詢	玄度	竹扇
晉	戴逵	安道	詩佚
晉	殷仲文	仲文	南州桓公九井作
宋	傅亮	季友	奉迎大駕道路賦詩
宋	何長瑜		詩佚
宋	羊璿之	曜璠	詩佚

宋				陶潛	淵明	歸田園居、飲酒	范曄	蔚宗	樂遊應詔
宋				顏延之	延年	五君詠、北使洛	劉駿	休龍	登覆舟山
宋				謝瞻	宣遠	答靈運	劉鑠	休文	白紵曲、擬古
宋				謝混	叔源	遊西池	劉宏	休度	詩佚
宋				袁淑	陽源	倣古	劉莊	希逸	遊豫章西
宋				王微	景玄	雜詩	蘇寶生		詩佚
宋				王僧達		答顏延年	陸修之		詩佚
宋				謝惠連		秋懷、擣衣	任曇緒		詩佚
宋				鮑照	明遠	詠史	戴法興		詩佚
宋							區惠恭		雙枕
齊				謝朓	玄暉	晚登三山	惠休上人		怨詩行
齊				江淹	文通	望荊山雜體詩	道猷上人		採藥觸興
齊							釋寶月		估客樂
齊							蕭道成	紹伯	群鶴詠
齊							張永	景雲	詩佚

齊								
王儉	仲寶	春日家園						
謝超宗		詩佚						
丘靈鞠		詩佚						
劉祥	顯徵	詩佚						
檀超	悅祖	詩佚						
鍾憲		詩佚						
顏則		詩佚						
顧則心		詩佚						
毛伯成		詩佚						
吳邁遠		長相思						
許瑤之		詠楠榴枕						
鮑令暉		擬古						
韓蘭英		詩佚						
張融	思光	別詩						
孔稚珪	德璋	白馬篇						

齊							王融	元長	遊邸園
							劉繪	士章	有所思
							江祏	弘業	詩佚
							王巾	簡棲	詩佚
							卞彬	士蔚	詩佚
							卞錄		詩佚
							袁嘏		詩佚
							張欣泰	義亨	詩佚
梁				范雲	彥龍	有所思、別詩	范縝	子眞	詩佚
				丘遲	希範	旦發魚浦潭	陸厥	韓卿	奉答內兄
				任昉	彥升	哭范僕射	虞羲	士光	詠霍將軍北伐
				沈約	休文	宿東園	江洪		詠荷
							鮑行卿		詩佚
							孫察		詩佚

3.區別流派：詩品的另一特點是推求詩人的淵源，把詩人歸到某一派裏去，如謂古詩「其體出於國風」；李陵「其原出於楚辭」；王粲「其原出於李陵」；沈約「憲章鮑明遠」；有的雖未確定他的淵源，而亦指出與以前的詩人的關係，如謂嵇康「頗似魏文」；江淹「觔力於王微，成就於謝朓。」至於各家遠源，則均不出國風、小雅和楚辭三派；風者民俗歌謠之詩，都是任意率眞，不加雕飾，故自然眞摯，纏綿委婉的詩大都歸入這一類。小雅是周德已衰之詩，所謂「思而不貳，怨而不言（註九）。」因之，含有諷諭怨刺意味的詩，大都歸入這一類。楚辭辭楚，故凡身世不偶，文多悽愴的，大都歸入這一類。玆列詩品作者師承表如下：

（本表參考郭紹虞中國文學批評史詩品派別表）

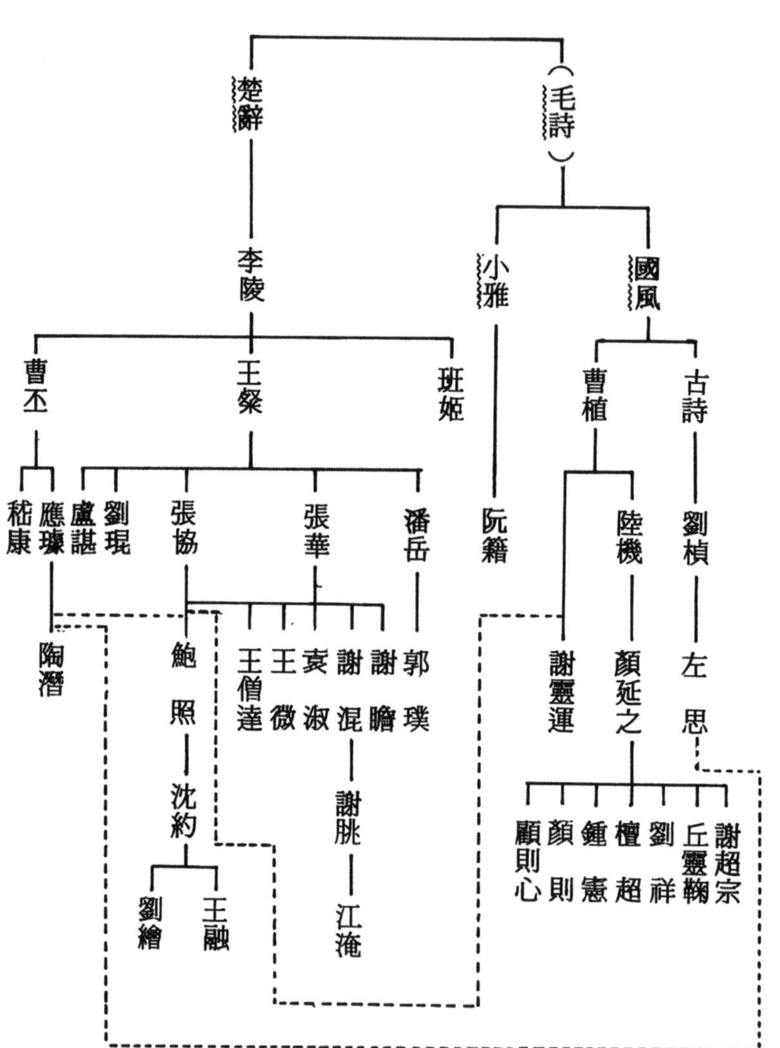

二、文學主張

㈠劉勰的重要主張

1.主自然，反穿鑿：南朝文學的「厭黷舊式，穿鑿取新（註十）。」以致於「離本彌甚，將遂訛濫（註十一）。」促成劉勰文心雕龍的改革呼聲，而其改革的宗旨，就是希望創造一種自然抒寫的文學。首先在文學本原上他要賦予這種自然的文學以形上的意義；他以為創生天地萬物的原動力就是「道」，天地間日月、山川、萬品、動植之形狀都是「道之文」。人為道之一體，三才之一，五行之秀，秉有道心，與自然界感應而生「人文」，所謂「心生而言立，言立而文明，自然之道也（原道）。」「人秉七情，應物斯感，感物斯應，莫非自然（明詩）。」因之，為文須順乎自然，不可「文勝其質」，致掩其眞，所謂「采濫辭詭，則心理愈翳。翠綸桂餌，反所以失魚（情采）。」「夫豈外飾，蓋自然耳（原道）。」

2.明本原，宗經誥：原道篇說：「玄聖創典，素王述訓，莫不原道心以敷章，研神理而設教。」文學不但求美，更須求善，庶乎有益教化，故在內容上應以「明道」為目的；「道沿聖以垂文，聖因文而明道。」道不可見，惟聖哲明之，聖哲所明之道，垂在經典，故「不述先哲之誥，無益後生之慮（序志）。」此所以文心要以原道、徵聖、宗經三篇來做全書的總綱領了。如此，則文學的功用，小之可以「順美匡惡（明詩）。」大之則可如孔子的「鎔鈞六經，雕琢情性，……寫天地之輝光，曉生民之耳目矣（原道）。」其次在形式方面，以經典爲範式，可具六項意義：第一是情感深至而不浮詭（「情深而不詭」），第二是風格明爽而不駁雜（「風淸而不雜」），第三是述事眞實合理而不怪誕（「事信而不誕」），第四是義理明正而不邪僻（「義貞而不回」），第五是體式簡要而不繁蕪（「體約而不蕪」），第六是文辭綺麗而不煩濫（「文麗而不淫」）。通觀這六項意義，原是藉經典的標榜以倡導一種明順、雅正、眞實的文體，所謂「模經爲式者，自入典雅之懿（定勢）。」若說他以保守爲手段，以復古爲目的，則不免未達一間了。

3.重情性，兼文質：文學的藝術是兼括內容與形式兩項質素，故說：「立文之道，其理有三：一曰形文，五色是也，二曰聲文，五音是也，三曰情文，五性是也（情采）。」然而兩者之間，必有本末：「鉛黛所以飾容，而盼倩生於淑姿；文采所以飾言，而辯麗本於情性，故情者文之經，辭者理之緯，經正而後緯成，理定而後辭暢，此立文之本原也（情采）。」「情動而言形，理發而文現（體性）。」此足見「情性」是文學的本體，「文采」是文學的枝葉，棄本而逐末，必致訛濫不返，所以「昔詩人什篇，爲情而造文；辭人賦頌，爲文而造情。……爲情者要約而寫眞，爲文者淫麗而煩濫；而後之作者，採濫忽眞，遠棄風雅，近師辭賦；故體情之製日疏，逐文之篇愈盛（情采）。」文學如果一味求形式的美化，而不在內容上求情趣思想的提升，正如東施效顰，無鹽搽粉，只有令人遠避了。但話說回來，有了內容，也不可忽了形式，觀文心創作論各篇對修辭的再三申說；情采篇：「使文不滅質，博不溺心，正采耀乎朱藍，間色屏於紅紫，乃可謂雕琢其章，彬彬君子矣。」文質彬彬才是他認爲最完滿的文學境地。

4.識通變，反閉塞：劉勰以爲文學的產生與變化，受客觀環境的影響甚大。其中有屬於政治因素者：如陶唐盛世，「心樂而聲泰。」漢武崇儒，「辭藻競騖。」魏武父子好詩章，「俊才雲蒸。」反之「幽厲昏而板蕩怒，平王微而黍離哀。」可知「歌謠文理，與世推移，風動於上，而波震於下者（時序）。」有屬於社會因素者：如建安時文，雅好慷慨，「良由世積亂離，風衰俗怨，並志深而筆長，故梗概而多氣也。」至於晉代，人才實盛，但「運涉季世，人未盡才（時序）。」皆由社會之治亂，影響於作家創作時之心態與才力之發揮。有屬於學術思想者：如春秋戰國，「百家飆駭」，於是「煒燁之奇意，出乎縱橫之詭俗。」文學（指諸子之文學辭賦）染上了縱橫家的色彩。晉世玄風熾盛，因而「世極迍邅，而辭意夷泰，詩必柱下之旨歸，賦乃漆園之義疏（時序）。」基於以上的史實，劉勰歸納出以下的文學史觀：「時運交移，質文代變。」「文變染乎世情，興廢繫乎時序（時序）。」然而如何掌握這「時運交移」的變數呢？關鍵就在能「通變」，「文律運周，日新其業，變則可久，通則不乏（通變）。」而又如何通變呢？通變篇提出了答案：「望今制奇，參古定法。」參考古昔著效之法，以創造新奇之體。由此看來，你能說劉勰是一個專事效古的迂儒嗎？

(二)鍾嶸的重要主張

1.尚情思，反說理：鍾嶸論詩，以情性才思爲本，以爲表現情性，表現人生而能有興託之奇的才是好詩。詩品序開宗明義卽謂：「氣之動物，物之感人，搖蕩性情，形諸舞詠。」詩的情緒之所以發生，即因性情因外物的刺激而發生了搖蕩。換言之，有性情的搖蕩才有詩，至於可使性情搖蕩的外物，他特別强調了兩點：一是四時物色的變化，使宇宙盈虛消長的現象和人生的奄忽短暫發生了聯想。一是人事的變動無常，特別是挫折失意的一面，如生離死別，受讒見逐之類，更有膚受之痛。他說：「凡斯種種，感蕩心靈，非陳詩何以展其義！非長歌何以騁其情！」發舒感慨，慰藉心靈，非詩莫屬。故詩之功用即在「可以羣」「可以怨」，「使窮賤易安，幽居靡悶。」然而對於詩的「可以觀」的政治作用，和「事父事君」的倫理作用，鍾嶸則未贊一詞，很可看出他的意旨所在及其與劉勰不同之處了。

鍾嶸對於兩晉以來的詩尚玄言說理，也很爲反對。他說：「永嘉時，貴黃老，稍尚虛談，於時篇什，理過其辭，淡乎寡味，爰及江表，微波尙傳……詩皆平典似道德論，建安風力盡矣。」吟詩不主性情，而爲縹緲惝恍的玄虛，或板着面孔的說教，自然乏味之極，較之「情深多氣」的建安風力，豈可同日而語！劉勰也同樣反對玄風，明詩篇說：「正始明道，詩雜仙心，何晏之徒，率多浮淺。」「江左篇製，溺乎玄風。……而辭趣一揆，莫與爭雄。」兩家所見略同。

2.貴自然，反聲病：詩的聲律問題，魏晉人開始了理論的探討，至齊永明時聲律說大行。沈約的「四聲八病」說，風靡當世。四聲的運用，沈約以爲「欲使宮羽相變，低昂舛節，若前有浮聲，則後須切響；一簡之內，音韻盡殊，兩句之中，輕重悉異。」主要卽在使五言詩句中的聲音輕濁平仄能做符合音樂學理的配合，否則便將犯所謂「八病」——平頭、上尾、蜂腰、鶴膝、大韻、小韻、傍紐、正紐（註十二）；亦卽五言詩一句之中或兩句之間，某幾字不得同聲調，十字之中不得有同韻母之字。以及不能用雙聲字（二字連綴爲雙聲字不在此限），不能用同音而異聲調字等，規格之嚴，使人動輒得咎。鍾嶸對於這種「務爲精密，襞積細微」的風氣，深爲不滿，認爲「使文多拘忌，轉傷眞美。」他以爲「古曰詩頌，皆被之金竹。」魏之三祖，所製樂府，也都韻入歌唱，自然需要講求聲律，配合樂調。而現在做詩，並非用於樂歌，「今既不被管絃，亦何取於聲律耶？」因之，他的意見是「余謂文製本須諷讀，不可蹇礙，但令清濁通流，口吻調利，斯爲足矣。」他所倡導的純是自然的聲調，這在當時不能不說是反潮流的突出見解。甚至千餘年後的今日，倡白話詩者高喊的「詩必廢律（註十三）」提倡不用韻的自由詩，也還是接踵他的腳步。

3.主直尋，反用事：用事卽是用典，文心雕龍事類篇說：「事類者，蓋文章之外，據事以類義，援古以證今者也。」鍾嶸以爲文章在說理，不能不援古以證今，而詩主性情，用事用典，反傷情韻。詩品序說：「若乃經國文符，應資博古，撰德駁奏，宜窮往烈，至於吟詠情性，亦何貴於用事？」這與梁簡文帝（蕭綱）所說：「未聞吟詠情性，反擬內則之篇，操筆寫志，更摹酒誥之作，遲遲春日，翻學歸藏，湛湛江水，遂同大傳（註十四）。」同一見解。蕭綱作晉安王時，鍾嶸曾做他的記室，也許因此對蕭綱有所影響吧！詩既不可用事，那該如何呢？詩品序說：「『思君如流水（註十五）。』既是卽目。『高臺多悲風（註十六）。』亦唯所見。『清晨登隴首（註十七）。』羌無故實。『明月照積雪（註十八）。』詎出經史，觀古今勝語，多非補假，皆由直尋。」所謂「直尋」，便是卽目所見，卽景會心而得的詩情詩意。換句話說，一首好詩是作者經由直接經驗在刹那間捕捉得的靈妙意象和精美語言所組成，所謂「文章本天成，妙手偶得之（註十九）。」絕非零碎的知識或故實可「補假」成的。劉勰文心雕龍養氣篇說：「思有利鈍，時有通塞，沐則心覆，且或反常。神之方昏，再三愈黷。」又物色篇說：「物有恒姿，而思無定檢；或率爾造極，或精思愈疏。」嚴滄浪說：「詩有別裁，非關書也（註二十）。」可與此相發明。當然，以上是鍾嶸心目中的高才勝語，但「自然英旨，罕值其人。」儘管當時作者「辭不貴奇，競須新事，……遂乃句無虛語，語無虛字，拘攣補衲，蠹文已甚。」而「詞既失高，則宜加事義，雖謝天才，且表學問，亦一理乎？」對於無才思者不得已而許其用事，在他看來，自屬等而下之了。

【附註】

註一：戰國齊人騶衍，迂大而宏辯，又有騶奭者，亦頗采騶衍之術以紀文，齊人頌衍曰「談天衍」，奭曰「雕龍奭」。見史記孟子荀卿列傳、集解引劉向別錄曰「騶奭修衍之文飾，若雕鏤龍文，故曰雕龍。」

註二：易經繫辭上「大衍之數五十，其用四十有九。」按其一爲太極，太極本身不用，故其用四十有九。

註三：辨騷就其爲「詞賦之宗」言，宜列文原論，就其爲辭之一體，亦可列文體論內，如范文瀾注文心則列爲文類之首。

註四：雜文、諧隱，時散時駢，體可兼列文筆。

註五：古時對於創作與批評的界限，沒有嚴密的劃分，如體性、情采、通變、定勢、指瑕、物色等篇，於兩者都有關連。

註六：隱秀原缺，黃侃先生札記「隱秀篇缺文，蓋在宋後。」今本隱秀篇係明錢允治（功甫）據宋本補入。

註七：日人鈴木虎雄中國詩論史對文心雕龍之前四十九篇，只分爲文體論與修辭論兩類。商務人人文庫中國詩論史頁七七。

註　八：國語日報社書和人第八期。

註　九：左傳襄公二九年季札觀樂語。

註　十：文心雕龍定勢篇。

註十一：文心雕龍序志篇。

註十二：據唐時日僧空海（遍照金剛）所著文鏡秘府論解釋八病如下：平頭－五言詩一聯中第一字不得與第六字同聲調，第二字不得與七字同聲調。上尾－第五字不得與第十字同聲調。蜂腰－一句中第二字不得與第五字同聲調（謂兩頭粗，中央細，似蜂腰也。）鶴膝－第五字與第十五字不得同聲調（謂兩頭細，中央粗似鶴膝也。）大韻－二句之中，第十字若押韻，則其上九字便不得有同韻之字。小韻－雖非韻腳，九字之中不得使用兩個同韻之字（疊韻字除非）。傍紐－一句之中，不得使用兩個同聲母字（雙聲連語除外）。正紐－十字之中不得用聲調不同而音同之字。

註十三：胡適建設的文學革命論「八不主義」的第五項「不重對偶－文須廢駢，詩須廢律。」

註十四：梁簡文帝與湘東王書（梁書卷四十九庾肩吾傳）。

註十五：徐幹雜詩：「思君如流水，何有窮已時。」

註十六：曹植雜詩：「高臺多悲風，朝日照北林。」

註十七：許學夷詩源辨體云：「案吳均答柳惲首句云『清晨發隴西。』沈約有所思起句曰『西征登隴首。』仲偉殆誤合二句爲一句耶！」

註十八：謝靈運歲暮詩：「明月照積雪，朔風勁且哀。」

註十九：陸游劍南詩稿卷八三文章。

註二十：嚴羽滄浪詩話詩辨五。

第二章 本 論

第一節 詩之定義

詩是什麼？從古籍上可以找到許多對詩所下的界說，歸納起來，大致可以得出兩項要義：

一、內容方面—詩言志

詩是「言志」的，或詩是「情志」的表現：

尚書堯典說：「詩言志，歌永言，聲依永，律和聲。」

詩經大序說：「詩者，志之所之也，在心爲志，發言爲詩。情動於中，而形於言。」

禮記樂記說：「詩言其志也，歌詠其聲也，舞動其容也；三者本於心，然後樂器從之。」

荀子儒效篇說：「詩，言其志也。」

呂氏春秋愼大覽說：「湯謂伊尹曰：『盡如詩』」，注「詩，志也。」

意林載愼子說：「詩，往志也。」

國語魯語說：「詩所以合意也，歌所以詠詩也。」

史記滑稽列傳引孔子說：「書以道事，詩以達意。」

廣雅釋言：「詩，意也。」

以上多以「志」釋詩，而間又以「意」釋詩。按說文言部：「詩，志也，從言，寺聲。」又心部：「志，意也，從心㞢（之），㞢亦聲。」「意，志也，從心音，察言而知意也。」「志」與「意」爲「建類一首，同意相授」之轉注字；「詩」字之古文作「䛐」，從㞢，謂言其心之所之，而「志」從心之。可知「志」原本就是「詩」字，現在的「詩」字，則爲後起的形聲字。據阮元矢字說，謂與「矢」、「施」、音近的字，或含有平陳之義，或含有施捨之義。劉師培正名隅論也說：「㞢」、「峙」、「持」、「思」、「矢」、「孶」、「滋」等字，古音同在「之」部，都具有挺直伸出之義。就語源上來看，「詩」、「思」、「志」等字是音義相關的，自然在詞義上也是一種伸出或發展的活動。所以說文說：「詩，志也」；劉熙釋名說：「詩，之也，志之所之也。」又中國古詩當然也包含着敷陳事物的「賦」，後來雖擴展成爲賦體，附庸蔚爲大國，而仍說它「古詩之流。」因之，所謂「詩言志」的「志」，當指廣泛地在心中引起的諸現象，包括內心的所知、所感、所思、所欲、所願等等；綜言之，就是一個人的感情、思想與意志的一切心理活動，並非只限於現今心理學上狹義的「意志」，從而可說：凡詩之抒情、寫景、詠物、敘事等作，都應包括在「言志」的範疇中了。

理論雖是如此，但歷代對「詩言志」這個志字的含義，卻有不同的解釋。三代時，「㤀」的意義到底如何？不得而知，依情揣想，或者跟前面那種廣義的說法相似，較爲可能。春秋時公卿的「獻詩陳志」，仍大多指的懷抱，陳志卽言志，而且不出乎諷與頌，諷又比頌多。到戰國時「賦詩言志」的志，便指的諸侯的志，一國的志。因爲大多用在外交酬酢裏，頌多而諷少。先秦兩漢間，儒家以倫理說詩，所謂「志於道，據於德，依於仁，遊於藝。」（註二）詩成爲載道之器，於是「志」的意義便擴大到關係天下國家倫理敎化的反映，由漢人的論詩，可知其概；陸賈新語愼微篇說：「故隱之則爲道，布之則爲詩。……在心爲志，出口爲辭。」賈誼新書道德篇說：「詩者，志德之理，而明其指，令人緣之以自成也，故曰：詩，此之志者也。」這種載道的文學觀，完全籠罩了漢人思想，只有太史公司馬遷以爲古今一切著作，大抵皆由於作者的發憤抒情，屬於別調；其報任少卿書中說：

文王拘而演周易，仲尼厄而作春秋；屈原放逐，乃賦離騷；左丘失明，厥有國語；孫子臏腳，兵法修明；不韋遷蜀，世傳呂覽；韓非囚秦，說難孤憤；詩三百篇，大抵聖賢發憤之所爲作也。此人皆意有鬱結，不得通其道。故述往事，思來者。……退而論書策以舒其憤，思垂空文以自見。

他這種有感而發的話，在當時似乎並沒有得到什麼回響，可能是很少有人有像他一樣的遭遇吧！但到了魏晉六朝之間，終算得到了知音。其時新的文藝思潮興起，把「志」又歸結到作者之志—作者的窮通出處，也就是個人的懷抱。在這過程中，作家慢慢抬頭，注意到了詩人的地位，同時，「言志」外，又產生了「緣情」一個詞組。陸機文賦：

> 詩緣情而綺靡，賦體物而瀏亮。

「緣情」又輔之以「體物」，使詩歌走向一條新的道路。「知」「情」「意」同屬心理作用，所以「情」是「志」的一體，而「緣情」便是狹義的「言志」了。到了梁元帝蕭繹，認爲「情」的含義還是太泛（註二），還要縮小，他在金樓子立言篇中說：

> 吟誦風謠，流連哀思者謂之文。……至如文者，惟須綺縠紛披，宮徵靡曼，脣吻遒會，情靈搖蕩。

說只有流連哀思，令人情靈搖蕩的風謠才可稱之爲文，則把「緣情」說更只限於「哀怨」一面了。然而詩人的生活始終不能不和政治打交道，因此「緣情」雖有後來居上的趨勢，卻還不能完全代替「言志」；那種天下國家的抱負，倫理道德的諷誡，仍在「言志」中佔有一定的份量。但不管怎樣說，「詩言志」這條詩論實是中國詩論的開山綱領，它與「比興」、「溫柔敦厚」的「詩教」，並爲詩論的三個柱石，所以顧炎武說「詩言志」爲詩之本（註三），確爲篤論。

劉勰對於「詩言志」這一定義，是持怎樣觀點呢？文心雕龍有以下的一些話：

> 詩主言志，詁訓同書，摛風裁興，藻辭譎喻，溫柔在誦，故最附深衷矣。（宗經篇）

> 大舜云：「詩言志，歌永言。」聖謨所析，義已明矣。是以在心爲志，發言爲詩，舒文載實，其在茲乎！……人稟七情，應物斯感；感物吟志，莫非自然。……春秋觀志，諷誦舊章。……贊曰：民生而志，詠歌所含，興發皇世，風流二南。（明詩篇）

風雅之興，志思蓄憤，而吟咏情性，以諷其上，此爲情而造文也。（情采篇）

夫情動而言形，理發而文見。……氣以實志，志以定言，吐納英華，莫非情性。……辭爲膚根，志實骨髓。（體性篇）

「詩言志」「發言爲詩」是說明詩之本體。詩之發生，是由於「志思蓄憤」，志何以蓄憤？是由於七情的感物，由感物而發爲詩歌，便是「吟志」。至於詩的效用，一方面是「溫柔在誦，最附深衷」，一方面又能疏導民心，敦厚風俗，所謂「民生而志，興發皇世」。可見他對「詩言志」一節，是既採合於時代潮流的「緣情」說，而又同時維護了傳統的詩教的價值觀。明詩篇內又歷敘「楚國諷怨，離騷爲刺」，古詩的「婉轉附物，怊悵切情」，以至當世所競，「情必極貌以寫物，辭必窮力而追新。」則不論是美刺諷怨，是緣情，是體物，都可視爲此物此志了。所以他是持的廣義的折衷的解釋的。

然而劉勰對詩的定義，又有另外一種界說，明詩篇中說：

詩者持也，持人情性，三百之蔽，義歸無邪，持之爲訓，信有符焉耳。

所謂「持人情性」，所謂「義歸無邪」，是說明詩的部分道德方面的效用，是純就政治教化立場來看的。而以「持」訓詩，則是運用音訓來補充詩的定義。鄭玄詩譜序，正義說：

名爲詩者，內則說負子之禮云「詩負之」，注云「詩之言承也。」春秋說題辭云「詩之爲言志也」。詩緯含神霧云「詩者持也」，然則詩有三訓：承也，志也，持也。作者承君政之善惡，述己志而作詩，爲詩所以持人之行，使不失墮，故一名而三訓也。

孔穎達毛詩正義又引詩緯含神霧說：「詩者持也，在於敦厚之教，自持其心，諷刺之道，可以扶持邦家者也。」其實，詩之本義只是一個「志」，其他兩個都是詩的假借義。說文詩字下段注云「假詩爲持，假持爲承，一部與六部合音最近也。」但「古代訓詁之旨，本於聲音，故有聲同字異，聲近義同，雖或類聚羣分，實亦同條共貫。（註四）」故「聲相同相近者，義每不相遠。（註五）」因之，劉勰的以「持」訓「詩」，雖是爲了强調詩教而補充了詩的定義，但與「詩言志」的本義並不相背。

鍾嶸沒有將詩的定義明顯地說出來，因爲詩品是專爲評論作家和作品而作，並不是純粹詩之理論的探討，但他在詩品中的各別評論，我們還是可以看出他的思想來；詩品序說：

> 氣之動物，物之感人，故搖蕩性情，形諸舞詠。……永嘉時，貴黃老，稍尚虛談。于時篇什，理過其辭，淡乎寡味。……若乃經國文符，應資博古；撰德駁奏，宜窮往烈。至乎吟詠性情，亦何貴於用事？

一則說，搖蕩性情，便產生了詩；一則說，詩是吟詠性情的，故不須掉書袋，賣知識，對於談玄說理的詩，更是覺得乏味。可以了解他對詩的定義應是「吟詠性情爲詩」，是採取「詩言志」狹義的解釋，亦即完全同於「緣情」說的，後來宋代嚴羽的滄浪詩話：「詩者，吟詠情性也。」當是祖述鍾嶸。由之，我們可以說：劉、鍾二人對詩的定義有廣狹義的不同看法，前者折中於傳統與新興義之間，後者則純然接受了六朝的新興義。

二、形式方面－辭采與聲律

詩是以帶音樂性的文字，組成簡練美妙的形式；具體地說，就是它要有精簡的語句、綺麗的辭藻、諧和的音律、以及含蓄的表現手法。固然詩以情感作爲它惟一不可缺少的原素，但卻不是惟一的原素，章學誠文史通義詩敎下說：「文指存乎詠歎，取義近於比興，多或滔滔萬言，少或寥寥片語，不必諧韻和聲，而識者雅賞其爲風騷遺範也。故善論文者，貴求作者之意指，而不可拘於形貌也。」則未免太重內容，而忽於形式。若只以抒情的內容與比興的方式便稱做詩，那與小說及戲劇的分別又何在呢？唐朝大詩人白居易說：「感人心者，莫先乎情，莫始乎言，莫切乎聲，莫深乎義；詩者，根情、苗言、華聲、實義。」（註六）白氏所說的「情」、「義」就是內容的情感與思想；「言」、「聲」就是形式的辭藻和聲律。蕭繹所說：「至如文者，惟須綺縠紛披、宮徵靡曼。」正是指的這兩點。（關於詩的組織—體裁，詩的作法—比興，另詳本章第四、第五節。）

一切藝術無不以美的價值之追求爲目的，儒家的文學觀雖主尙用，也重尙文；孔子雖曾說「辭達而已矣。」（註七）但也說「情欲信而辭欲巧。」（註八）及「言以足志，文以足言；不言，誰知其志！言之無文，行而不遠。」（註九）畢竟文學是通過文字來達到感人的效果的；尤其是詩，它要含蓄，不像散文那樣直質，它是美的文學，更要有美的外表。所以禮記學記說：「不學博依，不能安詩。」鄭玄的注說：「博依，廣譬喻也。」以後曹丕說的：「詩賦欲麗。」陸機說的：「詩緣情而綺靡。」蕭繹說的：「文須綺縠紛披。」都是著重華麗辭藻的意思。

劉勰雖然反對當時競奇逐艷、浮詭訛濫的文風，但對於文學之應求辭采，則給予極肯定的評價，文心雕龍情采篇說：

> 聖賢書辭，總稱文章，非采而何！夫水性虛而淪漪結，木體實而花萼振，文附質也。虎豹無文，則鞹同犬羊；犀兕有皮，而色資丹漆，質待文也。若乃綜述性靈，敷寫器象，鏤心鳥跡之中，織辭魚網之上，其爲彪炳，縟采名矣。……夫鉛黛所以飾容，而盼倩生於淑姿；文采所以飾言，而辯麗本於情性，故情者文之經，辭者理之緯，經正而後緯成，理定而後辭暢，此立文之本源也。

全篇着意於文質相應，而辭采之受重視自然可知，明詩篇說：「是以在心爲志，發言爲詩，舒文載實，其在茲乎！」就說明了詩是舒辭敷采，表達情志的。（「實」字的意義很廣，抽象的思想、情感和具體的事物皆可包括其中）至於各體詩的風格，他也認爲有其各自特殊的外在表徵：

> 賦頌歌詩，則羽儀乎清麗。（定勢篇）
>
> 四言正體，則雅潤爲本；五言流調，則清麗居中。（明詩篇）
>
> 原夫登高之旨，蓋睹物興情。情以物興，故義必明雅；物以情觀，故詞必巧麗。麗詞雅義，符采相勝，如組織之品朱紫，畫繪之著玄黃。（詮賦篇）

都不外是文義要雅正，辭藻要巧麗的意思。

鍾嶸詩品成於劉勰文心雕龍之後，齊梁唯美思潮更爲濃郁之時；加之兩人的學問際遇不同，劉勰既躭精於儒家，又浸淫於釋氏，而鍾嶸的思想則至少在詩論上看不出儒釋道三家的影響，因而自由主義較劉勰爲顯著，而對唯美潮流也更爲服膺。他對詩的理想是「宏斯三義（按指賦比興），幹之以風力，潤之以丹采，使味之者無極，聞之者動心，是詩之至也。」所謂風力，指詩之情思與氣勢；所謂丹采，卽詩之辭藻。看他推崇曹植爲文章之聖，說他「骨氣奇高，詞采華茂，情兼雅怨，體被文質。」這「骨」與「情」是內涵；「詞」與「體」是外貌，四者俱優的很難得，千古來他似乎只許曹植一人。對於曹操，他的批評是「曹公古直，甚有悲涼之句。」似乎是「風骨」可取，其他三樣未見精美，便列於下品。而評陸機「才高辭贍，擧體華美。……咀嚼英華，厭飫膏澤，文章之淵泉也。」評張協「詞采葱蒨，音韻鏗鏘，使人味之亹亹不倦。」皆列上品，可見他對詞采之重視，其唯美主義傾向是遠過於劉勰的。

其次談到詩的聲律問題：人類最初的詩歌都是與音樂舞蹈密切接合着的，詩大序說：「情動於中而形於言；言之不足，故嗟嘆之；嗟嘆之不足，故永歌之；永歌之不足，不知手之舞之足之蹈之也。」詩歌之興，都由於中情之發，不能自已，而自然形諸舞詠；而亦惟有恬吟密詠，才能將詩之情感隨着抑揚頓挫的聲調傾洩以出。班固言詩經之能流傳，就歸功於它之能諷誦；漢書藝文志說：

孔子純取周詩，上采殷，下采魯，凡三百五篇，遭秦而全者，以其諷誦，不獨在竹帛也。

惟漢以後詩樂分途，那合樂的歌詩，全歸入到「樂府」，而辭人之作，便只見於篇章。故而初期的五言詩，「惟取昭晰」而已。到了齊永明時代，四聲用於詩文（註十），於是「宮徵靡曼。」蔚為齊梁文學的異彩，而也成唐以後律體詩的淵源。沈約宋書卷六七謝靈運傳論：

> 夫五色相宣，八音協暢，由於玄黃律呂，各適物宜。欲使宮羽相變，低昂舛節，若前有浮聲，則後須切響；一簡之內，音韻盡殊；兩句之中，輕重悉異；妙達此旨，始可言文。

這就是當時聲律革命的宣言。究其用心，不過企圖自聲音的輕重浮切（平仄）的配合中，造成詩文的音響節奏，形成聽覺上的美感而已。詩之由意境美、辭藻美而兼之以音律美，無論如何是一種創造，是一種進步。

劉勰對於沈約的理論是贊同的，聲律篇說：「言語者，文章□□，神明樞機，吐納律呂，脣吻而已。」（註十一）肯定了聲律對於文章之重要地位。但「內聽之難，聲與心紛，可以數求，難以辭逐。」所謂「數求」即須制定聲韻格律的法則，才不致聲與心紛。他提出的聲律法則有以下幾點：

1. 要辨識平仄音韻。「聲有飛沈（平仄），響有雙疊（疊韻）」。
2. 一句之內不可雜用兩個雙聲字或疊韻字（雙聲疊韻連語除外）。「雙聲隔字而每舛，疊韻雜句而必睽。」
3. 句內之格律（即各字平仄聲調）要調和；句間之收韻（即句末押韻）要相應。「異音相從謂之和，同聲相應謂之韻。韻氣一定，故餘聲易遣；和體抑揚，故遺響難契。屬筆易巧，選和至難；綴文難精，而作韻甚易。」

4. 一句中平聲字或仄聲字過多，讀時就不順口。「沈（仄）則響發而斷，飛（平）則聲颺不還。」

5. 兩句間之聲調要錯雜互異，圓轉相承。「轆轤交往，逆鱗相比。」

6. 違反上述原則，便會形成文病。「迂其際會，則往蹇來連，其爲疾病，亦文家之吃也。」

7. 矯正文病之法，在發生滯礙時，上下左右去調整平仄，不可膠執。「吃文爲患，生於好詭，逐新趣異；故喉脣糺紛，將欲解結，務在剛斷。左礙而尋右，末滯而討前，則聲轉於吻，玲玲如振玉，辭靡如耳，纍纍如貫珠矣。」

這不就是沈約說的發明麼！

鍾嶸對於詩的聲律問題，主自然諧和，反對用人工的技巧，造成不必要的拘束，損傷詩的眞美。詩品序說：

古曰詩頌，皆被之金竹，故非調五音無以諧會。……今既不被管絃，亦何取於聲律耶？……王元長創其首，謝朓、沈約揚其波。三賢或貴公子孫，幼有文辯；于是士流景慕，務爲精密，襞積細微，專相陵架。故使文多拘忌，傷其眞美。余謂文製，本須諷讀，不可蹇礙，但令清濁通流，口吻調利，斯爲足矣。至平上去入，則余病未能，蜂腰鶴膝，閭里已具。

這一段反聲律論的宣言，自然也有其獨到見解，自來也有許多響應的聲浪。如唐皎然詩式說「沈休文酷裁八病，碎用四聲，故風雅殆盡；後之才子，天機不高，爲沈生弊法所媚，懵然隨流，溺而不返。」清袁枚隨園詩話卷一說：「須知有性情便有格律，格律不在性情外，三百篇半是勞人思婦，率意言情之事，誰爲之格？誰爲之律？而今之談格調者能出其範圍否？」都可爲鍾嶸之說張目。而黃季剛文心雕龍札記（聲律第三十三）中更爲張鍾黜劉之說：

彥和生於齊世，適當王沈之時，又文心初成，將欲取定沈約，不得不枉道從人，以期見譽。觀南史舍人傳，言約既取讀，大重之，謂深得文理，知隱侯所賞獨在此一篇矣。當其時獨持己說，不隨波而靡者，惟有鍾記室一人。其詩品下篇詆訶王謝沈三子，皆平心之論，非由於報宿憾而爲之。若舉此一節而言，記室固優於舍人無算也。

我覺得這事應分開來說：劉勰是就聲律的學理上技巧上來研究，鍾嶸是就當時拘泥過甚造成文病，恐人陷溺過深而發出矯弊的呼聲，言非一端，各有所當。學理的研究；可以制定客觀的標準，示人以規矩，高明者固可不受其羈絆，粗淺者則可有所準繩。但若過份好詭逐新，自然便成文病，而此也正是劉勰所反對的，由其聲律篇中未提沈約「八病」之說，可以看出他的態度是執中的；矯弊的呼聲：總是對特定時空中某一現象而發，而爲達到改革的效果，往往不能不有所誇大；鍾嶸之評聲律說是如此，五四時代攻擊舊體詩也是如此。學者必須認識什麼是經？什麼是權？不能守經達權，拘執於聲律，必致文多拘忌，傷其眞美。而若過任自然，全不加以人工修飾，如果不是天籟，只是一片鴉聲，又怎算得清音雅韻呢？

從以上的說明，我們對詩的定義，似乎可以做結論了。即是：

1 詩歌是詩人表現情志的一種作品。

2.詩歌要有韻律，可以流連哀思，長歌吟誦。

3.詩歌要用綺麗的辭藻，豐富的想像，創造美好的境界，來搖蕩人們的情靈。

【附註】

註　一：論語述而孔子語。

註　二：禮記以喜、怒、哀、懼、愛、惡、欲爲人之七情；佛家的釋氏要覽以喜、怒、憂、懼、愛、憎、欲爲七情；英國心理學家馬克竇（Mcdougall　）在其心理學導言上以懼、惡、好奇、怒、自卑、自尊、慈愛爲七種原始的情緒。

註　三：日知錄卷二十二作詩之旨。

註　四：王念孫廣雅疏證序。

註　五：見王引之經義述聞。

註　六：白氏長慶集卷二八與元九書。

註　七：論語衛靈公孔子語。

註　八：禮記表記引孔子語。

註　九：左傳襄公二十五年引孔子語。

註　十：南齊書卷五十二陸厥傳：「永明末盛爲文章，吳興沈約、陳郡謝脁、瑯玡王融以氣類相推轂，汝南周顒善識聲韻，約等文皆用宮商，以平上去入爲四聲，以此制韻，不可增減，世呼爲永明體；謝脁王融並先卒，而沈約獨步梁世，爲一時宗匠。」

註十一：黃季剛札記云：「文章下當脫二字，者字一豆，神明樞機一豆，吐納律呂一豆。」范文瀾文心雕龍注引札記並云按文章下疑脫「關鍵」二字。

第二節　詩之起源

討論詩的起源，有兩個問題：其一詩是怎麼來的？其二什麼時候才有詩；前者是心理的，後者則是歷史的。

一、心理的起源

近代論詩的起源主要的有表現說和模仿說兩種，主表現說的認爲詩是偏重於「表現」內在的情感，我國向來所稱之「詩言志」卽屬此說；主模倣說的認爲詩是「模倣」或「再現」外來的印象，以古代希臘亞里斯多德的「詩學」爲代表（註一）。這兩種說法的歧異，固然可以認是心理學上觀點的分別，但也可說是由於中西古代詩的作品本有這種偏重主觀抒情或客觀敍事的風格之異（註二）。沿流而下，中國詩走向以抒情爲主的路子，而中國詩論也都主張詩的創作原於情感的表達，卽所謂的「言志」或「緣情」。於此也可看出，藝術創造與理論常有互爲因果的關係。

我國歷來從心理觀點釋詩的起源，以詩大序及朱熹的詩經傳序發揮得最爲透徹；詩大序說：

詩者，志之所之也，在心爲志，發言爲詩。情動於中而形於言，言之不足故嗟嘆之；嗟嘆之不足，故詠歌之；詠歌之不足，不知手之舞之足之蹈之也。情發於聲；聲成文，謂之音。

朱子詩傳序引詩大序的意思再加以申說：

或有問於予曰：「詩何爲而作也？」予應之曰：「人生而靜，天之性也；感於物而動，性之欲也。夫既有欲矣，則不能無思；既有思矣，則不能無言；既有言矣，則言之所不能盡而發爲咨嗟詠歎之餘者，又必有自然音響之節奏，而不能已焉。此詩之所以作也。

綜合以上的大意，可以做這樣的說明：人類先天具有一顆虛靈不昧的「心」；心的本體是靜寂的「性」；性感於物而動謂之「情」（朱子稱爲「欲」）；情在心中發動有所指向謂之「志」（朱子稱爲「思」），而情志的發表於言辭便謂之「詩」。在此處所謂的心、性、情、志、欲、思，實際是一物的前後動作的不同名稱而已，我們用現代「情感」一詞就可概括了。人類天生具有情感，情感天然需要表現，表現最自然的方式是歌唱與舞蹈；那種配合舞蹈，帶着咨嗟感歎之情和抑揚頓挫的節奏用以歌唱的辭便是原始的詩了。總而言之，詩或是「表現」內在的情感，或是「再現」外來的印象，或是純以藝術形相產生快感，它的起源都是以人類天性爲基礎。所以嚴格地說，詩的起源當與人類起源一樣久遠（註三）。

根據這樣的體認，我們來看劉勰和鍾嶸的觀點；劉勰對於詩的起源，有兩項概念：

㈠詩的興起，由於內心情志的自然發動：

仰觀吐曜，俯察含章，高卑定位，故兩儀既生矣。惟人參之，性靈所鍾，是謂三才。爲五行之秀，實天地之心。心生而言立，言立而文明，自然之道也。（原道篇）

在心爲志，發言爲詩。（明詩篇）

看他所說：「心生而言立」「在心爲志，發言爲詩」，只要是「心生」或「有志」，便可有詩了。至於心何以生？志何以有？他沒有明白說出，但人「爲五行之秀，實天地之心」，人心卽天地心，本來就具足自性的。故有天地心卽有人心，有人心卽有詩心，完全是「自然之道」，不須外力勉强而始有的。關於這一理念，劉勰是承襲了詩大序「情動於中而形於言」的詩源論思想，而他又以「自然之道」的獨家創見，補充了詩大序的理論。

(二)情感的發動，也可因自然環境的刺激而起。

春秋代序，陰陽慘舒，物色之動，心亦搖焉。蓋陽氣萌而玄駒步，陰律凝而丹鳥羞，微蟲猶或入感，四時之動物深矣。若夫珪璋挺其惠心，英華秀其清氣，物色相召，人誰獲安？是以獻歲發春，悅豫之情暢；滔滔孟夏，鬱陶之心凝；天高氣清，陰沈之志遠；霰雪無垠，矜肅之慮深，歲有其物，物有其容，情以物遷，辭以情發。一葉且或迎意，蟲聲有足引心；況清風與明月同夜，白日與春林共朝哉！是以詩人感物，聯類不窮，流連萬象之際，沈吟視聽之區。寫氣圖貌，既隨物以宛轉；屬采附聲，亦與心而徘徊。（物色篇）

他認爲自然環境的變化能影響心理、激發感情的主張，頗同於陸機文賦中所說：

遵四時以歎逝，瞻萬物而思紛；悲落葉於勁秋，喜柔條於芳春；心懍懍以懷霜，志渺渺而臨雲，

……慨投篇而援筆，聊宣之乎斯文。

惟較陸賦說得更具體而已。從以上兩項來看，很明顯地他以爲詩的發生，在心理條件上是既可由主觀

意念而興起，也可由客觀事物而感發，也就是具有心物兩項條件的。而不論其爲心之主動或物之感召，又都受「自然之道」所主宰。

再看鍾嶸對詩心理的起源所持的見解，詩品序一開始就揭出：

> 氣之動物，物之感人，故搖蕩性情，形諸舞詠。

在此他提示了詩之發生的四個階段，這與禮記樂記所說音樂發生的層次頗相似，樂記說：

> 凡音之起，由人心生也；人心之動，物使之然也。感於物而動，故形於聲。

雖然詩品沒有提到「心」字，又多增了一個「氣」字，我們還是可以說它與樂記有思想上的淵源。鍾嶸沒有提到「心」，並不意味他不承認心的作用，外物之來，必須要「心」去感應，正好像有陽電必要有陰電才能相感一樣。他所說的「氣」，卻也正可補樂記理論的不足，因爲加了這一層，對於物之爲什麼有變化，便有了根據。而這個「氣」，作爲能鼓天下之動，發創生長萬物的原動力而言，與劉勰所說的「自然之道」，正復異名同實。至於「物」之一名，在中國語詞中，常將物我對待，是指我以外的一切人、事、物或境界而言，並非僅指實體有形之物。詩品序說：

> 若乃春風春鳥，秋月秋蟬，夏雲暑雨，冬月祁寒，斯四時之感諸詩者也。嘉會寄詩以親，離羣託詩以怨。至於楚臣去境，漢妾辭宮；或骨橫朔野，或魂逐飛蓬；或負戈外戍，殺氣雄邊；塞客衣單，孀閨淚盡；又士有解佩出朝，一去忘返；女有揚蛾入寵，再盼傾國。凡斯種種，感蕩心靈，非陳詩何以展其義？非長歌何以騁其情？

「時」、「地」、「物色」、「身世」之感，就是人情之所由動，而文情之所由發的導因。這種時地的轉換，景物的推移，人事的變遷，全都可稱爲「物」，都可令人興懷生感。然而若沒有自己的一番身世遭際與之應合，終究是無眞實的感情，落個「爲文造情」之譏。錢謙益說：

有深情蓄積於內，奇遇薄射於外，輪囷結轖，朦朧萌折，如所謂驚瀾奔湍，鬱閉而不得流；長鯨蒼虬，偃蹇而不得伸；渾金璞玉，泥沙捲匿而不得用；明星浩月雲陰蔽蒙而不得出；於是乎不能不發之爲詩，而其詩亦不得不工。（註四）

吳偉業說：

詩者，本乎性情，因乎事物，政教流俗之遷改，山川雲物之變幻，交乎吾之前，而吾自出其胸懷與之吞吐，其出沒變化，固不可一端而求也。（註五）

故知外物的感召，內情的激發，是引發詩思的兩個不可或缺因素。由鍾嶸特別强調人事變化感蕩心靈一點來看，他對詩的心理起源並非只重物的條件而不重心的條件的。有些文學批評家說劉勰在注重「物」之外，還注重心理條件，所以是「心物二元說」者，鍾嶸沒有提到心或志，完全着重客觀的感召，所以是「唯物一元說」。（註六）這就未免以辭害意，忽略他全般旨趣了。再說，在中國歷代文學思想史中，從不曾有專主唯物的，可不能給他亂戴帽子啊！

二、歷史的起源

近代論詩的起源，主要的有「宗教」與「勞動」二說。主宗教說的，以為詩歌起源於古代人祭神的祈禱詞，以悅神為其心理基礎；主勞動說的，以為詩歌起源於人類勞動時的夯（ㄏㄤ）歌，以慰己及齊一行動為其心理基礎。鑑於詩經中的有三頌，樂府中的有神曲，楚辭中的有九歌，以及相傳唐堯時有擊壤歌，楚辭中的有漁歌等等，這些說法自然也是言之成理，持之有故的。但我國古代詩論家卻很少涉及這類理論，他們大都在古籍中尋出散見的詩歌，作為最古的詩的論證：如所謂的伏犧氏的網罟歌（註七），葛天氏之樂八闋（註八），伊耆氏的蜡辭（註九），黃帝時的斷竹歌（註十），以及唐堯時的擊壤歌、康衢謠（註十一），虞舜時的南風歌、卿雲頌、八伯和歌、帝載歌（註十二）等等，都標示在三代以前（註十三），到底這些詩的可信度如何呢？我們看看東漢大經學家鄭玄對詩的起源所下的結論，他在詩譜序中說：

詩之興也，諒不於上皇之世，大庭、軒轅逮於高辛，其時有無，載籍亦蔑云焉。虞書曰：「詩言志，歌永言，聲依永，律和聲。」然則詩之道放於此乎！

鄭氏斷詩道始於唐虞之時，因為虞書裏有「詩言志」一句可為依據，而對於後人傳述的三代以前作品，都付闕疑。自然如吳越春秋、家語、列子及隋書等更是玄所不及見的後出書。這對於古詩歌的眞僞考據，也給了我們一項寶貴資料。不過「載籍蔑云」，並不等於沒有詩；孔穎達毛詩正義，闡釋鄭說，便把詩的起源推早了很多，他說：

上皇謂伏羲，三皇之最先者，故謂之上皇。鄭知於時信無詩者，上皇之時，舉代淳朴，田魚而

> 食，與物未殊。居上者設言而莫違，在下者羣居而不亂，未有禮義之教，刑罰之威，爲善則莫知其善，爲惡則莫知其惡，其心既無所感，其志有何可言，故知爾時未有詩詠。……大庭，神農之別號；大庭軒轅疑其有詩者，大庭以還，漸有樂器；樂器之音，逐人爲辭，則是爲詩之漸，故疑有之也。……郊特牲云：「伊耆氏始爲蜡。」蜡者爲田報祭；神農始作耒耜，以教天下，則蜡起神農矣。二者相推，伊耆神農並與大庭爲一，大庭有鼓籥之器，黃帝有雲門之樂，至周尚有雲門，明其音聲和集，必不空絃；絃之所歌，卽是詩也。……鄭所謂放於此者，謂今誦美譏過之詩，其道始於此，非初作謳歌始於此，謳歌之初，疑其始自大庭時矣。

他說有樂器必有詩歌，這是很好的見解，禮記明堂位說：「土鼓、蕢桴、葦籥，伊耆氏之樂也。」用土鼓、土槌、蘆管吹打作樂，也許就是我們樂器的老祖宗吧！但伊耆氏果是神農嗎？鄭玄注說是「古天子，有天下之號。」陸德明經典釋文說「或云卽帝堯是也。」可見是不能確定的。孔氏又推闡鄭意，別出心裁，以爲上皇之世，民風淳朴，人民笨得「心無所感，志無可言」，以致不能有詩，則未免近於滑稽了。

須知「歌詠之興，自生民始。」（註十四）試看現今最不開化的民族，連文字也沒有的，也有他們的詩歌，便可證明上古不能沒有詩歌；比較值得考慮的是：到底人類自從有了語言就有了詩歌呢？抑或詩歌的產生遠在語言發明之後呢？關於這個問題，我想似乎可以做這樣的推論：人類有了語言，就應當有韻語，因爲韻語是天籟；有了韻語，便會激起詩的情緒，而詩的情緒也是天籟。所以兩者縱使不是同時，也不會相差很遠。至於現存的詩歌，何者最古，那又是另一問題。因詩與歌，渾言之是一個意義；析言之，則又有別：人有悲歡之情，不能遏止，而自然流露於聲辭，叫做「歌」，裝飾以文辭，叫做「詩」，故詩必後於歌。歌又分徒歌與樂歌，徒歌又必早於樂歌。但不論徒歌與樂歌，都可不藉文字，僅憑口口相傳，仍可保存久遠。惟衆口相傳，一再修飾，最後寫在文字上成爲定本的詩時，卻是在文字已發生相當時間之後的事了。所以我們對於留傳的古詩歌，不妨持這樣一種看法：卽有的詩歌來源可能很早，但經口傳或後人記述的時候，不免有些更動，有些則根本是後人的僞託。（註十五）

劉勰對於詩的歷史起源，分見文心雕龍的明詩篇和樂府篇，他說：

> 昔葛天樂詞，玄鳥在曲（見註八）；黃帝雲門（註十六），理不空絃；堯有大唐之歌（註十七）；舜造南風之詩（見註十二）。觀其二文，辭達而已。及大禹成功，九序惟歌（註十八）；太康敗德，五子咸怨（註十九），順美匡惡，其來久矣。（明詩篇）
>
> 鈞天九奏，既其上帝（註二〇）；葛天八闋，爰乃皇時。自咸英以降（註二一），亦無得而論矣。至於塗山歌於候人，始爲南音；有娀謠乎飛燕，始爲北聲；夏甲歎於東陽，東音以發；殷整思於西河，西音以興。（註二二）（樂府篇）

所引的詩歌，有三皇、五帝、三代之作；所引之書有禮記、周禮、尙書及呂氏春秋等。其中眞僞固難分辨，呂氏春秋尤多附會之說，不過由於傳統信古的風氣，劉勰對於古籍所載，自然是全般接受的，這在今天重考據的情形下看，不能無失。但所指的含義，卻有幾點值得我們注意：第一、太古的詩歌是和音樂舞蹈密切結合的，所謂「理不空絃。」第二、詩的原始形態是民間的歌謠，故詞語淺俗，所謂「辭達而已。」第三、詩歌自古即有頌美怨刺的功能，所謂「順美匡惡，由來久矣。」

鍾嶸對於詩的歷史起源，因其所品者只是「古今五言詩」，所以沒有泛論詩的起源，而僅論及五言詩的起源。詩品序說：

昔南風之詞，卿雲之頌，厥義夐矣。夏歌曰：「鬱陶乎予心。」楚謠曰：「名余曰正則。」雖詩體未全，然是五言之濫觴也。逮漢李陵，始著五言之目矣。……

所取資料，都斷自唐虞以下，可說相當的審愼；而羅根澤先生的魏晉六朝文學批評史說他以夏歌及離騷的單句爲五言之濫觴，已是近於滑稽，至以李都尉爲「始著五言之目」，所謂蘇李河梁贈答詩，眞實性甚有問題云云。當然，以後人考據之所得來批評古人，自會發現一些問題，但平情而論：討論五言詩之起源及其歷史者，鍾嶸以前雖有劉勰的文心雕龍明詩篇，而遠不如他詳盡，後世硏究此問題的，又都以詩品爲藍本，則其在歷史上的價值可以想見了。

【附　註】

註　一：亞里斯多德認爲詩的普通起源由於兩個原因，每個都根於人類天性：一是會模倣本能，一是求知所生的快樂。見亞氏詩學頁十五—十六。

註　二：中國古代詩自然也有敘事詩，如詩經大雅中的生民、公劉、緜、皇矣及大明五篇，可說是「周的史詩」。漢魏六朝樂府中亦多敘事詩，如孔雀東南飛即其最著者，惟比較上不如抒情詩之受重視耳。

註　三：參看朱光潛詩論第一章第七頁。

註　四：錢謙益牧齋初學集卷三二虞山詩約序。

註　五：吳偉業梅村集卷五四與宋尚木論詩書。

註　六：羅根澤魏晉六朝文學批評史第九章之三。

註　七：見隋書卷十三樂志，又見夏侯玄辨樂論（全三國文卷二一）。

註　八：呂氏春秋仲夏紀古樂篇「昔葛天氏之樂，三人操牛尾投足以歌八闋：一曰載民；二曰玄鳥；三曰遂草木；四曰奮五穀；五曰敬天常；六曰建帝功；七曰依地德；八曰總禽獸之極。」

註　九：見禮記郊特牲。

註　十：吳越春秋載黃帝時孝子不忍見父母爲禽獸所食，故作彈以守之而作歌。

註十一：康衢謠見列子仲尼篇；擊壤歌見論衡藝增篇及帝王世紀。

註十二：南風歌見尸子及家語辯樂篇。又禮記樂記：「舜作五絃之琴，以歌南風。」鄭注：「其辭未聞也。」卿雲頌、八伯和歌、帝載歌，均見尚書大傳。

註十三：詩經以前的古詩歌，大都收集在明楊愼的風雅逸篇，和馮惟訥的風雅廣逸及詩紀前集十卷古逸裏。清沈德潛擇詩紀之尤雅者入古詩源一書。

註十四：見宋書卷六七謝靈運傳論。

註十五：如康衢歌：「立我蒸民，莫匪爾極；不識不知，順帝之則。」是湊合周頌思文和大雅皇矣的各兩句原文而成。

註十六：周禮春官大司樂「以樂舞教國子雲門大卷。」鄭注：「黃帝曰雲門大卷。」

註十七：禮記樂記「大章，章之也。」鄭注：「堯樂名也，言堯德章明也。周禮闕之。」按文心明詩作「大唐之歌」，范文瀾注云「大唐乃舜美堯禪之歌（見尚書大傳），不得云堯有，似當作大章爲是。」

註十八：九序，謂水、火、金、木、土、穀、正德、利用、厚生，謂此九事有次敍，皆可歌樂，乃德政之致。（見書大禹謨注）

註十九：史記夏本紀「帝太康失國，昆弟五人，須於洛汭，作五子之歌。僞古文尚書有五子之歌篇。

註二〇：史記趙世家載簡子言夢遊於鈞天廣樂，九奏萬舞，不類三代之樂。

註二一：白虎通論帝王禮樂「禮記曰『黃帝樂曰咸池，帝嚳樂曰五英。』」

註二二：以上均載於呂氏春秋季夏紀音初篇。

第三節　詩之功能

從來談詩的功能，沒有比孔子說得更爲透徹，孔子說：

小子何莫學乎詩？詩可以興，可以觀，可以羣，可以怨，邇之事父，遠之事君，多識於鳥獸草木之名。（註一）

據孔安國和鄭玄的解釋（註二）：所謂「興」是引譬連類，感發志意；「觀」是觀風俗之盛衰，考政事之得失；「羣」是羣居相切磋，和而不流；「怨」是「刺上政」，怨而不怒；「事父」「事君」謂人倫之道，詩中無不具備，而「多識」又足以獲得不同風土的博物知識。換句話說：詩可以鼓舞情志，增加閱歷，聯合人羣，發洩牢騷，做人做事的道理都在裏面。孔子所列舉的共有七點，大別之可分三類：其中「興」「怨」屬心理的功能，「羣」「事父」「事君」屬倫理的功能，「觀」「多識」屬實用的功能。以下就此三類，分別論述：

一、心理的功能

首先提出詩的心理的功能的，當然是虞書的「詩言志」一語，所謂「志」包括一切的心理活動，在本章第一節中已詳論過了。把心中那股鬱勃欲動的志，託物而委婉表達出來，便是孔子所說「興觀羣怨」的「興」；孔子又說：「興於詩，立於禮，成於樂。」（註三）雖然這是就教育的程序而言，但何以首須「興於詩」？還是因爲詩是本於性情而非說理的，是「其爲言既已知，其感人又易入」的。（註四）至於「怨」則是「興」所表達的部分內容，「興」指作用而言，「怨」指性質而言；所「興」者不止於「怨」，「怨」亦不止於「刺上政」。人有「七情六慾」（註五），都需疏導宣洩，人性中本無所謂絕對善惡，只要情眞義實，不偏激，不過份，便有足取。孔子贊美「關雎樂而不淫，哀而不傷。」甚至鄭衞之詩也不以其「淫」而加刪除，（註六）便可知孔子旨趣了。

劉勰對詩的心理功能，在明詩篇中說了很扼要的幾句話，他說：「人稟七情，應物斯感，感物吟志，莫非自然。」人具血氣心知之性（註七），應物而生喜怒哀樂之情，情動而言形（註八），言之不足，而嗟歎之，嗟歎之不足，而詠歌之，豈不全出於自然？原道篇說：「心生而言立，言立而文明，自然之道也。」惟其心理的活動全出於自然，所以原是不含有任何目的的。同時文學是個人的，雖然它能道出人人心中所想說而苦於說不出的話，所以就效果言，又可說是人類的或社會的，但作者在構思和寫作的時候，他只是主觀的根據自己的感受說出他自己所要說的話，並不是客觀的去體察了大衆的心情，再意識地替大衆做喉舌。朱彝尊說：

> 夫作者必先纏綿悱惻於中，然後寄之吟詠，以宣其心志；言之工可以示同好，垂來世；即有未工，亦足爲悅怡性情之助。不以人之愛惡而移，不因人之驅使而出，則學士大夫或不若布衣之自適。游覽之頃，縱吾意之所如，而言之不倦，此詠歌之樂，至於足之蹈之手之舞之而未已也。」（註九）

「宣其心志」是心理功能的本然，「悅其性情」是心理功能的當然，這一段話可爲劉勰之說做註腳。（註十）

鍾嶸論詩服膺自然，重視性情，不消說，他認爲詩的功能主要是屬於心理方面的。詩品序說：

> 氣之動物，物之感人，故搖蕩性情，形諸舞詠。……凡斯種種（按指四時與人事變化等），感蕩心靈，非陳詩何以展其義，非長歌何以騁其情。故曰：詩可以羣，可以怨，使窮賤易安，幽居靡悶，莫尚於詩矣。

他提示的詩的心理功能，第一是當心靈感蕩之時，只有詩的文辭可以展現其思想，也只有詩的歌詠可以發舒其情感。第二、詩可以培養高尚的情操，貧賤者受詩的薰陶，便能樂道安窮。第三、由於對詩的藝術之追求，可使幽居者寄情其中，渾然忘我，自然不會生無聊苦悶之感。寥寥數語說得透徹極了。

二、倫理的功能

把詩看做政治教化的工具，並有系統的建立了詩教的理論，始於孔子。孔子說：

> 詩三百，一言以蔽之，曰：「思無邪。」（論語爲政）

「思無邪」是孔子說詩的根本思想，孔子之贊美關雎之詩的「樂而不淫，哀而不傷。」也正因其有哀樂之情，而不流於極端，得中和之正。因之，以詩爲教，可以收正風化俗之效。除了前面所引論語陽貨篇的「可以羣」「邇之事父」「遠之事君」的倫理功用外，他的社會效果是：

入其國，其敎可知也，其爲人也溫柔敦厚，詩敎也。……詩之失，愚；……溫柔敦厚而不愚，則深於詩者也。（註十一）

「溫柔敦厚」是一個多義語，一方面指詩辭「美刺諷喻」的作用，一方面還映帶着那「詩樂是一」的背景。孔子時代，詩敎、樂敎、禮敎該是三位一體的。以後毛詩大序更加推衍，說：

故正得失，動天地，感鬼神，莫近於詩。先王以是經夫婦，成孝敬，厚人倫，美敎化，移風俗。

把一切政治、宗敎、人倫、風俗的維繫，全放入詩敎的範圍中，這作用可說大極了。

劉勰對於詩的倫理功用，完全繼承了傳統的思想，明詩篇說：

詩者持也，持人情性，三百之蔽，義歸無邪，持之爲訓，有符焉爾。……大禹成功，九序惟歌；太康敗德，五子咸怨，順美匡惡，其來久矣。……興發皇世，風流二南，神理共契，政序相參，英華彌縟，萬代永耽。

所說「持人情性」，便是要使人「思無邪」，這是指對個人情性品德的陶冶。「順美匡惡」便是「論功頌德，止僻防邪」（註十二）的作用，而詩敎的結果，便是「興發皇世，政序相參」了。

因此，爲了正敎化，他以爲一面要正樂：「樂本心術，故響浹肌髓，先王愼焉，務塞淫濫。」一面要正辭，樂府篇說：

詩爲樂心，聲爲樂體，樂體在聲，瞽師務調其器，樂心在詩，君子宜正其文。好樂無荒，晉風所以稱遠；伊其相謔，鄭國所以云亡，故知季札觀辭，不直聽聲而已。

而他的正辭，甚至認爲佚樂、哀思之辭，都是不得其正，樂府篇批評曹氏父子說：

至於魏之三祖，氣爽才麗，宰割辭調，音靡節平。觀其北上衆引，秋風列篇，或述酣宴，或傷羈戍，志不出於淫蕩，辭不離於哀思；雖三調之正聲，實韶夏之鄭曲也。

按魏武帝苦寒行有「北上太行山」云云，通篇寫征人之苦，魏文帝燕歌行有「秋風蕭瑟天氣涼」云云，託辭於思婦，所謂「或傷羈戍」、「辭不離於哀思」，即指此而言。至於建安時代，君臣遊樂酣宴之作，他也都認爲「志不出於淫蕩」。可見劉勰對詩的道德教化使命，其執持之堅，雖羈戍哀思的寫實之作也視爲非正聲而在拒斥之列了。

鍾嶸對於詩的倫理功用，似乎不如劉勰之重視，詩品中只偶或涉及數語。如：

評應璩詩：「善爲古語，指事殷勤，雅意深篤，得詩人激刺之旨。」

評陶潛詩：「每觀其文，想其人德，世歎其質直。」

就只這兩處，談到了詩的譏刺作用，和作者的高尚人格，而此兩人，他又並列爲中品，由此可以看出他是純視詩爲「吟詠情性」之物，而不是「載道」之器了。

三、實用的功能

從廣義的範圍說，倫理的功用，有益教化，自然也含實用的功能。除此以外，詩還有專任的實用功能。讓我們先引孔子的話：

詩可以觀……多識於草木鳥獸之名。（論語陽貨）

子謂伯魚曰：「女爲周南召南矣乎？人而不爲周南召南，其猶正牆面而立也與！」（論語陽貨）

不學詩，無以言。（論語季氏）

誦詩三百，授之以政，不達；使於四方，不能專對，雖多亦奚以爲？（論語子路）

孔子所說學詩的實用功能，可以歸納爲三點：

第一、可觀察政事的得失：詩大序「情發於聲，聲成文謂之音。治世之音安以樂，其政和；亂世之音，怨以怒，其政乖；亡國之音，哀以思，其民困。」政形於詩，詩可以表現世的治亂，民的哀樂，故國語周語上說：「爲川者，決之使導；爲民者，宣之使言，故天子聽政，使公卿至於列士獻詩，瞽獻曲，史獻書，睃（瞍）賦，矇誦。」詩直接激刺時政，給人警戒；又由其表現民情，間接地可知政治良窳，民風厚薄。自然，除了察本國的治道，也可覘鄰國的盛衰，而資借鑑。

第二、作爲語言和社交的一種訓練：孔子時代，詩爲貴族子弟所共習，朝聘燕享，「詩」以代言，所謂「不學詩，無以言。」即專指當時士大夫社交生活中的「誦詩見志」，和列國聘問的「賦詩言志」。故而必須學習「雅言」（註十三），因爲不知詩，則不能賦詩；其音不正（非雅音），則所賦之詩別人不能喻，又自己不知詩，則他人賦詩，自己亦不能了解，那對交際上是大缺憾，是失體面的事；至於二南之詩乃周王業所起，是詩的「正風」，在多種公衆場合，都拿來合樂演奏的（註十四），用之鄉人，用之邦國，在參與者自然更不容不知，否則便眞箇像面牆而立，什麼也不知道了。此外曾子在病中對孟敬子說：「動容貌斯遠暴慢矣；正顏色斯近信矣；出辭氣斯遠鄙倍矣。」（註十五）這三件事都是當時貴族在容止方面的必要條件。「出辭氣」之何以能不「鄙倍」（背），則非學詩，能爲「雅言」不可。

第三、作爲政府用人的參考：學詩之後，通達情理，便可授之以政。而「事理通達，心氣平和，故能言。」（註十六）就可以出使外邦。否則若從政而不曉人情事理（不達），出使而不知隨機應變（專對），那就是枉讀詩書了。

當然，孔子所說大半是針對當時的特定社會需要，戰國以後，賦詩之風已不行，而政事、外交之趨於複雜，也不是學了詩就可以處理的。然而詩之作爲精鍊語文的訓練，仍有其價值；章學誠論戰國之文源於六藝，又多出於詩教，他說「戰國者，縱橫之世也。縱橫之學，本於古者行人之官。……比興之旨，諷喻之義，固行人之所肄也。縱橫者流，推而衍之，是以能委折而入情，微婉而善諷也。」（註十七）卽以今日眼光來看，學詩的人雖不能直接辦政治辦外交，但辦政治外交的人學點兒詩不能說沒有裨益吧！

劉勰對於詩的實用功能，在原道篇開宗明義第一句話就是「文之爲德也大矣！」在徵聖篇列舉了「政化貴文」、「事蹟貴文」、「修身貴文」的事證。在明詩篇說：

春秋觀志，諷誦舊章，酬酢以爲賓榮，吐納而成身文。

便是介紹詩在歷史上所發生過的實際效用。原道篇說：「道沿聖以垂文，聖因文而明道。」「易曰：

『鼓天下之動者存乎辭。』辭之所以能鼓天下之動者，迺道之文也。」文以明道，能鼓天下之動，則其功能，可謂大矣！

鍾嶸對詩的實用功能，用了下面的話：

燭照三才，輝麗萬有；靈祇待之以致饗，幽微藉之以昭告，動天地，感鬼神，莫近於詩。

鍾嶸這段話，襲用了毛詩大序「動天地，感鬼神，莫近於詩。」的原文，但加以補充，使詩大序原來神祕抽象的話，變得可以理解。試將這段話譯為語體：「詩的精神貫通了天地人，詩的光輝美化了萬物；對天地神祇的祭祀要用詩來祝頌，對幽冥鬼魂的禱告要用詩來表達。所以說，感動天地鬼神的，沒有比詩更適合的了。」這完全是頌詩在宗教儀式上的應用，大概鍾嶸以為詩的實用功能就止乎此吧！

【附　註】

註　一：論語陽貨篇。

註　二：十三經注疏論語何晏集解，邢昺疏。

註　三：論語泰伯篇。

註　四：論語泰伯「興於詩」章朱子集註。

註　五：禮記禮運篇以喜、怒、哀、懼、愛、惡、欲為七情。佛家釋氏要覽以喜、怒、憂、懼、愛、憎、欲為七情；佛家智度論以色欲、形貌欲、威儀姿態欲、言語音聲欲、細滑欲、人想欲為六欲。

註　六：孔子贊美關雎，見論語八佾篇。

論語衛靈公篇孔子答顏回：「放鄭聲，遠佞人，鄭聲淫，佞人危。」馬瑞辰毛詩傳箋通釋卷八鄭風總論說：「衛之淫在詩，鄭之淫在聲也；衛詩之淫在色，鄭聲之淫不專在色也。」鈴木虎雄中國詩論史第二章九頁「保存國風的目的在乎知民情察政治。……雖是淫奔的詩爲了察知其民俗，仍應加以保存。」第三章一四頁「孔子排斥虛僞的，而保存眞誠的。所以詩經中才有鄭衛之詩。孔子論詩並不像後儒道德論那樣偏狹。」

註　七：禮記樂記：「夫民有血氣心知之性，而無喜怒之常，應感起物而動，然後心術形焉。」

註　八：文心雕龍體性篇：「夫情動而言形，理發而文見，蓋沿隱以至顯，因內而符外者也。」

註　九：朱彝尊曝書亭集卷三八陳叟詩集序。

註　十：文心雕龍原道篇，紀昀評曰：「文以載道，明其當然；文原於道，明其本然。」

註十一：禮記經解篇。

註十二：論語爲政「思無邪」章，邢昺疏。

註十三：論語述而「子所雅言，詩書執禮皆雅言也。」鄭玄訓爲正言，朱熹訓爲常言，按猶今之國音、國語之意。

註十四：據鈴木虎雄中國詩論史談周代使用詩伴樂的主要場合有：1.天地祖先等的祭祀。2.使臣將士的送迎。3.饗宴。4.弓射時諧和步調（作爲射節）。5.天子的后妃、諸侯夫人的家庭音樂（房中樂）。以上爲天子諸侯大夫士等上流社會對於詩樂的應用。至於一般人民，除了將二南作爲鄉樂之外，別無記載。

註十五：論語泰伯篇。

註十六：論語季氏篇「不學詩，無以言」朱注。

註十七：文史通義詩教上。

第四節 詩之體類

一、詩體的分類

中國詩的分類，是一個複雜的問題，歷代論詩之分類，其重要者有如下述：

1詩經的以風、雅、頌分類，爲最古的詩的分類，但說詩之家對風雅頌之性質作用，有不同的解釋，故有以詩篇之政治和教化作用來看的：

上以風化下，下以風刺上；主文而譎諫（註一），言之者無罪，聞之者足以戒，故曰風。………是以一國之事，繫一人之本，謂之風。言天下之事，形四方之風，謂之雅，雅者正也，言王政之所由廢興也；政有小大，故有小雅焉，有大雅焉。頌者，美盛德之形容，以其成功告於神明者也。（詩大序）

有以詩篇作者身分之不同來看的：

凡詩之所謂風者，多出於里巷歌謠之作，所謂男女相與詠歌，各言其情者也。若夫雅頌之篇，則皆成周之世，朝廷郊廟樂歌之詞。（朱熹詩經集註序）

風者，出於土風，大概係小夫賤隸，婦人女子之言；雅者出於朝廷士大夫。頌者，初無諷頌，惟以鋪張勳德而已。（鄭樵詩體辨妄）

有以詩篇樂調不同來看的：

風雅頌以音別也。……樂記曰：「廣大而靜，疏遠而信者宜歌大雅。恭儉而好禮者宜歌小雅。」

據此，則大小雅當以音樂別之，不以政之大小論也。（惠士奇詩說）

此外，有主張二南獨立的（蘇轍詩集傳，程大昌考古編，顧炎武日知錄四詩，崔述讀風偶識卷一通論二南），有反對二南獨立的（陳啟源毛詩稽古編，魏源詩古微）。而近代學者則主張依音樂不同而分南、風、雅、頌四類者（梁啟超釋四詩名義，陸侃如中國詩史）。

2.漢以後，詩多以其外形的字數和句式來分類。玆參照劉麟生中國詩詞概論舊體詩分類製表如下（註二）：

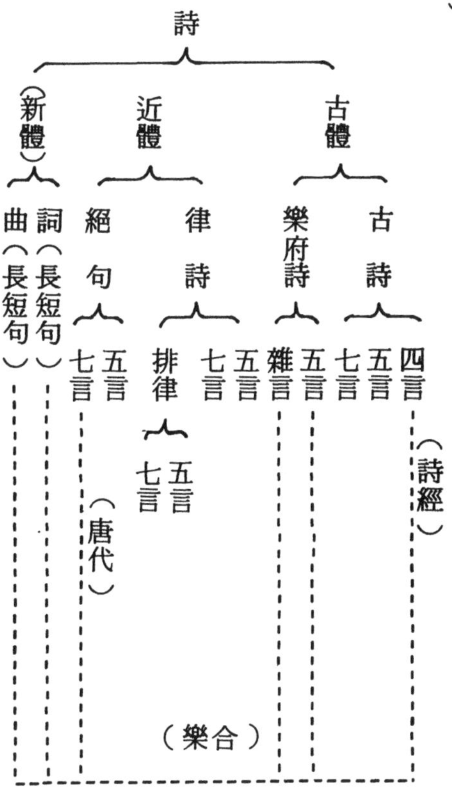

- 詩
  - 古體
    - 古詩
      - 四言（詩經）
      - 五言
      - 七言
    - 樂府詩
      - 五言
      - 雜言
  - 近體
    - 律詩
      - 五言
      - 七言
      - 排律
        - 五言
        - 七言
    - 絕句（唐代）
      - 五言
      - 七言
  - （新體）
    - 詞（長短句）
    - 曲（長短句）

（樂合）

3.宋嚴羽滄浪詩話則以詩之作風來分類，其中又有以時分體的，如「建安體」、「太康體」、「永明體」、「齊梁體」之類；有以人分體的，如「蘇李體」「曹劉體」「陶體」「謝體」之類；有以風格分體的，如「玉臺體」、「香奩體」、「宮體」之類（註三）。

劉勰和鍾嶸所處的時代是五言古詩盛行的時代，五言詩發達之前最具勢力的是四言體，其時近體詩尚未產生，故他們所討論的也只有四言與五言的古體詩而已。

二、四言詩與五言詩的比較

在劉勰之前討論詩體之形式者，有摯虞的文章流別論。他說：

古之詩有三言、四言、五言、六言、七言、九言。古詩率以四言以爲體，而時有一句二句雜在四言之間。後世演之，遂以爲篇。古詩之三言者「振振鷺，鷺于飛」之屬是也。漢郊廟歌多用之。五言者，「誰謂雀無角，何以穿我墉」之屬是也，於俳諧倡樂多用之。六言者，「我姑酌彼金罍」之屬是也，樂府亦用之。七言者，「交交黃鳥止於桑」之屬是也，于俳諧倡導時用之。古詩之九言者，「泂酌彼行潦挹彼注玆」之屬是也，不入歌謠之章，故世希爲之。夫詩雖以情志爲本，而以成聲爲節，然則雅音之韻，四言爲正，其餘雖備曲折之體，而非音之正也。（註四）

說詩以情志爲本，而以成聲爲節，明白揭出詩的靈魂是情感，詩的形式是音節，在當時是極新的見解。他說四言是詩的正體，五言七言於俳諧倡樂多用之，按黃季剛先生詩品講疏（註五）云：「凡非大禮所用者，皆俳諧倡樂，此中兼有樂府所載歌謠。」可見五、七言詩原都是出於樂府的。惟摯虞對於建安以來五言詩的發展，已脫離樂府的束縛而達任情抒寫的新趨勢，還未能有適當的評價。

劉勰的時代較後，他雖也還視四言爲正體—這可能出於習慣上的保守，但卻也肯定了五言詩的地位，將之與四言並論；明詩篇說：

> 若夫四言正體，則雅潤爲本，五言流調，則清麗居宗；華實異用，惟才所安。……至於三六雜言，則出自篇什；離合之發，則明於圖讖；回文所興，則道原爲始；聯句共韻，則柏梁餘製。巨細或殊，情理同致，總歸詩囿，故不繁云。

所列以四言與五言爲主，三六雜言不過聊備一格，亦猶摯虞所謂「其餘雖備曲折之體，而非音之正也。」至於離合（析字）、回文、聯句等實在只是詩的一種修辭方法，而非體裁。柏梁臺聯詠雖通體七言，但眞僞莫辨（註六），兩漢樂府或古詩尚無純粹七言體。張衡的四愁詩（註七）仍然帶着楚辭的影子，到了建安間曹丕的燕歌行（註八），七言詩體才正式成立。但曹丕而後，兩晉人做的很少，一直到南北朝，才漸漸發展起來，由此可知一種新體裁由醞釀形成而至於興盛，確是需要很長一段進化時期的。故劉勰只稱其聯句的方式，似尚未重視七言一體。因之，劉勰對各種體裁的風格，就只稱四言、五言兩種，說四言是傳統的正體，以雅潤爲本；五言是流行的體式，以清麗居宗，紀昀評此句云：「此論卻局於六朝習徑，未得本源，夫雅潤清麗，豈詩之極則哉！」其實劉勰本意並未討論這兩種詩體的極則，而是說明這兩種詩體立體成式的基本準則；任何體製原都可以雅潤，也都可以清麗，「華實異用，惟才所安。」劉勰在體性篇提出了八種文章風格—典雅、遠奧、精約、顯附、繁縟、壯麗、新奇、輕靡，自然不會僅以這兩種爲極則。也許他只是以爲四言是三百篇的體式，時代較古，較古的文學體式應當表現典雅樸質的風格；五言是魏晉以後盛行的體式，時代較後，較後的文學體式總更趨向流靡清麗近於世俗一點，這也是文學進化的自然現象啊！

鍾嶸詩品是爲評選五言體詩而作，對於其他體裁，並未加以論列，但對四言詩與五言詩卻作了一番比較。他說：

夫四言，文約意廣，取效風騷，便可多得，每苦文繁而意少，故世罕習焉。五言居文詞之要，是衆作之有滋味者也。故云會於流俗，豈不以指事造形，窮情寫物，最爲詳切者耶。

劉勰尚以四言五言視爲對等地位看待，認爲各有所長。但較劉勰著文心雕龍稍後十餘年著詩品的鍾嶸，卻完全以五言詩爲正體，認爲最能抒情寫物，會於流俗，是衆體中最有滋味的，且指四言詩的缺點是文繁意少，當時已沒有人願意習作了。他的這一見解是本諸文學進化觀而且能正視社會實際情形的。前面談到的摯虞和劉勰他們以四言爲正體，仍不免受傳統觀念的影響，對於世已罕習的四言詩盡其維護之力，但他們所作在鍾嶸之前，猶有可說，而遠在鍾嶸之後的李白，卻也曾說：「興寄深微，五言不如四言，七言又其靡也（註九）。」口裏標榜四言，而自己是專作五七言詩的大家，便中了泥古之病了。

何以從四言的詩經，到長短句的楚辭，又進至五言的古詩，詩體上有這些個變遷呢？一言以蔽之，由於時代不同的原故。因時代不同以致思想有別，語言有異，那種在三百篇中大行其道的四言體，到漢代以後，已不便於傳寫口語，表現紛繁複雜的情思；而長短不一的楚辭句法，也易於引起嘽緩散慢的感覺。舊體裁既不足以表現新內容，且亦不為羣衆所喜悅，自然不能不漸就淘汰。故以魏武之才，到底不能復興四言古體，晉代束晳的補亡（註十），陶潛的停雲（註十一），已經是盡了極大的氣力，也不能追及風雅。

五言雖僅較四言多出一個字，但這一個字的出入是很大的，試比較四言與五言的句式構成如下：

1.四言詩的一般句式是二二，就是全句的節奏是二字加二字，意義單位和節奏單位是一致的。例如：

樹木—叢生，百草—豐茂（曹操步出夏門行）

秋風—蕭瑟，洪波—湧起（曹操觀滄海）

2.五言詩的一般句式是二三，就是全句的節奏是二字加三字，這種句式是四言的擴展。在二二當中插入一個音，或在後面加添一個音，就成為五言。這樣，二三可以細分為二一二或二二一。例如：

胡馬依北風，越鳥巢南枝。（古詩行行重行行）

金張藉舊業，七葉珥漢貂。（左思鬱鬱澗底松）

（以上為二一二之例）

迢迢牽牛星，皎皎河漢女。（古詩迢迢牽牛星）

鬱鬱澗底松，離離山上苗。（左思鬱鬱澗底松）

（以上爲二三一之例）

由此可以看出五言的優點：第一、是它具有語言上曲折變化的彈性，使句法有了迴旋周轉的餘地，因之「指事造形，窮情寫物，最爲詳切。」便於詩人作更繁富更濃縮的意象烘託，而詩的風韻與作者才性藉此可以作多量的發揮。第二、四言體往往兩句表達一個意義，五言卻可以用一句代替，換句話說：「四言文繁而意少」正可以五言的文約而意長來補救。第三、四言詩句度局促，音節板滯，往往苦於不能順暢流利。五言詩是調整詩經系統的偶數律（四字句）和楚辭系統的奇數律（如果除去句中有聲無義的「兮」字，實際是以六字句爲主要形式，仍算是偶句）的最經濟的詩體，詩中爲了要節奏起伏多姿，同中寓異，詩句的格局自然就淘汰了四言，流行奇偶對照的五言。王闓運說：「四言如琴，五言如笙簫，歌行七言如羌笛琵琶（註十二）。」自然是指四言之較爲單調少曲折，不如五七言的繁複變化了。可以說，五言是中國齊言體詩的句法中具有各種好處的形式，因此五言可以代替四言，而且後來雖出來了七言體，五言仍然維持其生命，一直到現在繼續維持了二千多年而不衰，鍾嶸說：「五言是衆作之有滋味者也。」是眞能參透詩體的機微了。

三、對樂府的評價

我國詩中有一種詩，向來不大爲人所注意，而影響卻極大的就是樂府詩——尤其是兩漢至南北朝的樂府詩。樂府之於漢代，可說是自周代民間詩歌的國風消沈，由戰國貴族士大夫階層的楚辭取而代之之後，又一次民間文學的重建，詩經的復甦。樂府本是漢代主管音樂的官署，有類唐、宋的教坊，近代的國家音樂院，其職責是採取文人詩詞或民間歌謠被諸管絃，而施之郊廟朝宴，這是樂府的初起義；但魏晉六朝將樂府所唱的詩，漢人原名「歌詩」的也叫樂府，於是「樂府」便由官署的名稱一變而爲帶有音樂性的詩體了（註十三），這是樂府的繼起義；到了唐代，詩人以樂府命題，而實際已撇開音樂而注重社會內容，如白居易的「新樂府」（註十四）等均未入樂，而都自名爲樂府，於是樂府再變而爲一種批評現實的諷刺詩，這更是樂府的後起義。但此後的宋詞元曲性質上本屬樂府，卻又不名爲樂府了。胡應麟詩藪說：

樂府之體，古今凡三變：漢魏古辭，一變也；唐人絕句，一變也；宋元詞曲，一變也。

可知我國的每種新詩體，其初多淵源於音樂，發生於民間，隨後文人參與，擬作太多，便與音樂分離，也就脫離了大衆而終歸衰微。

劉勰對於樂府的見解，見於文心雕龍樂府篇，他解釋詩與樂府的關係說：

樂府者，聲依永，律和聲也。……故知詩爲樂心，聲爲樂體，樂體在聲，瞽師務調其器；樂心在詩，君子宜正其文。

他把歌聲稱爲樂體，歌辭稱爲樂心，這與漢書藝文志六藝略所說：「誦其言謂之詩，詠其聲謂之歌。」有相同的意義。故樂府無論形質皆卽是詩，特其作用在合樂歌唱而已。昭明文選詩體類分子目二十三：

「補亡、述德、勸勵、獻詩、公讌、祖餞、詠史、百一、遊仙、招隱、反招隱、遊覽、詠懷、哀傷、贈答、行旅、軍戎、郊廟、樂府、挽歌、雜歌、雜詩、雜擬。」樂府卽其中之一。不過劉勰認爲樂府在形式上仍稍有別於詩，樂府篇說：

> 凡樂辭曰詩，聲來被辭，辭繁難節；故陳思稱李延年閑於增損古辭，多者則宜減之，明貴約也。觀高祖之詠大風，孝武之歎來遲，歌童被聲，莫敢不協；子建士衡，咸有佳篇，並無詔伶人，故事謝絲管，俗稱乖調，蓋未思也。

爲了配合音樂句度，須將詩詞有所增損（註十五），但他又說：認爲詩亦可不必增損，作樂者，亦可準詩而爲聲，此外有以樂府爲題而實「無詔伶人，事謝絲管（註十六）。」卽所謂「樂府體古詩」。因之，樂府詩有合樂有不合樂者，有合樂而增損有合樂而不增損者，然則究竟詩與歌詩應否分別呢？劉勰是主張分別的，樂府篇說：「昔子政品文，詩與歌別，故略具樂篇，以標區界。」因而有明詩與樂府兩篇之分立。黃季剛先生札記於此頗持異論，他說：

> 此據藝文志爲言，然七略既以詩賦六藝分略，故以歌詩與詩異類。如令二略不分，則歌詩之附詩，當如戰國策，太史公書之附入春秋家矣。此乃部居所拘，非子政果欲別歌於詩也。

惟范文瀾文心雕龍注樂府篇注引黃氏言又加按語說：

> 謹案詩爲樂心，聲爲樂體，詩與歌本不可分，故三百篇皆歌詩也。自漢代有在鄒諷諫等不歌之詩，詩歌遂畫然兩途，凡後世可歌之辭，不論其形式如何變化，不得不謂爲三百篇之嫡屬，而摹

擬形貌之作，既與聲樂離絕，僅存空名，徒供目賞，久之遂亦陳熟可厭，別錄詩歌有別，班志獨錄歌詩，具有精義，似非止爲部居所拘也。

范氏所說「詩與歌本不可分」是正確的，至於說摹擬形貌之作，徒供目賞，久之遂陳熟可厭，恐未必然。詩歌之優劣，該是作者個別問題，不能說不入樂者久之便陳熟可厭。班志之不錄詩，何嘗不可作爲西漢五言詩尚未成熟未能脫離樂府而獨立之一證？劉勰明詩篇說：「辭人遺翰，莫見五言。」樂府篇說：「延年以曼聲協律，朱馬以騷體製歌。」可見其時辭人朱買臣、司馬相如等雖無五言詩之作而以騷體製歌是有史籍可據的（註十七）。我以爲劉勰將詩與樂府分開，主要還是着重在樂府詩合樂的這一點上，故樂府篇多述聲樂雅鄭，而歸於觀樂識禮，初不在討論詩之本身。純就文辭言，他說「詩爲樂體」，不認爲有所分別的。

鍾嶸詩品品第詩人，就其作品中之詩與樂府詩統論，如序云：

嘗試言之，古曰詩頌，皆被之金竹，故非調五音，無以諧會，若「置酒高堂上。」「明月照高樓。」爲韻之首。故三祖之詞，文或不工，而韻入歌唱，此重音韻之義也，與世之言宮商異矣。

「置酒高堂（殿）上（註十八）。」「明月照高樓（註十九）。」兩篇皆曹植所作樂府，而鍾嶸特別賞其能韻入歌唱。又品阮籍詩云：「可以陶性靈，發幽思，言在耳目之內，情寄八荒之表，洋洋乎會於風雅。」品謝惠連詩云：「又工爲綺麗歌謠，風人第一（註二十）。」品吳邁遠詩云：「吳善於風人答贈（註二一）。」品鮑行卿詩云：「行卿少年，甚擅風謠之美（註二二）。」論詩而兼及風謠，自然對出於民間土風的樂府詩，甚爲重視。同時對樂府詩形式之自由多樣，語言的樸質活潑，以及反映現實之廣闊與深度，必有其深刻的認識與評價—而這較之出於辭人，以典雅華贍爲貴的五言古詩，是各具風格，各擅勝場的。

關於樂府詩與五言古詩的分別，據郎廷槐師友詩傳錄說（註一三），可以有以下的異點：

(1)樂府可歌，古詩不能歌。

(2)樂府多長短句，古詩多五七言。

(3)樂府主記功述事，古詩主言情。

(4)樂府貴遒勁，古詩尚溫雅。

以上四點只能說道及大概，細加推勘，也不盡然；(1)樂府在魏晉時代已有許多「無詔伶人，事謝絲管」，更遑論其以後，自然愈後愈多不可歌，到了唐代竟是新樂府不可歌，而七言絕句卻可歌了。(2)樂府多長短句，這是一個大貢獻，它可以使詩句縱恣活潑，免於板滯。但中國文字孤立語單音節的特性，容易走上整齊排偶的句式，因之，樂府的形式也由雜言體孳生爲五言體，而樂府的五言體也胎息了五言古詩，故二者是相承的而不是相對立的關係。(3)郎氏說樂府主記功述事。記功指的貴族文士所作的郊廟樂辭之類，屬於詩頌範圍。述事寫實確是樂府的特色，徐禎卿談藝錄云：「樂府往往敘事，故與詩殊。」此語卻大謬。我們說：幸賴有樂府的多敘事，使中國詩中保持了敘事與抒情的雙軌並行制，但不可說，詩中不可敘事或敘事即非詩。至於說樂府主敘事不主抒情，也是不確，子夜歌等不是純粹的抒情詩嗎？(4)關於作風方面，郎氏所說一貴遒勁，一貴溫雅，是不錯的，因爲兩者來源不同，風格自異。我們還可以補充說：樂府多直情，古詩重含蓄；樂府多樸質，古詩重華贍。

劉勰對於樂府也特別着眼於正風端俗的政教作用。樂府篇說：「若夫艷歌婉孌，怨志詄絕，淫辭在曲，正響焉生。」又批評魏之三祖所作「或述酣宴，或傷羈戍，志不出於淫蕩，辭不出於哀思；雖三調之正音，實韶夏之鄭曲也。」其實除了宮廷酣宴及宮體艷詩一類代表貴族腐化生活的一面，爲不足取外，那種寫羈戍之思，寫男女相慕，以及訴說戰亂顛連民生困苦等，都是實際的生活感受和人性的自然流露，怎可算做淫辭，而若世非治世，又怎能期望「變風變雅」之不作？還是鍾嶸說得好：「嘉會寄詩以親，離羣託詩以怨。」從性情觀點來看，爲能得其正鵠了。

【附註】

註一：主文—不直陳而用譬喻。譎諫—委婉諷刺。

註二：詞與散曲，實是新體詩，但通常不列入詩。又與唐之七絕，同具樂府的功用，亦不列入樂府。樂府有古今之別，古樂府多長短句，變爲後代的歌行體和雜體詩如「三五七」之類，已沒有音樂的意味。

註三：滄浪詩話詩體頁五（上）～頁九（下）。

註四：文章流別論已殘缺，漢魏六朝百三家集中有其集，又見藝文類聚五十六。

註五：范文瀾文心雕龍注明詩篇注引講疏。

註六：趙翼陔餘叢考卷二十三：「按柏梁臺七言聯句詩見古文苑卷八。顧炎武日知錄卷二十一曾加考證，謂『是後人擬作，剽取武帝以來官名及梁孝王世家乘輿駟馬之事以合之，而不悟時代之乖舛也。』丁福保全漢三國晉南北朝詩緒言謂『柏梁一詩，考宋本古文苑之無注者，每句下但稱官位，無名氏。有姓有名者，唯郭舍人東方朔耳。自鄭樵增註，妄以其人實之，以致前後矛盾，因啓後人之疑，故妄增之姓名宜刪。』此亦足備一說。」

註　七：張平子（衡）四愁詩四首見昭明文選卷二十九詩巳，雜詩上。

註　八：魏文帝（曹丕）燕歌行見昭明文選卷二十七詩戊，樂府上。

註　九：見孟棨本事詩引。

註　十：束廣微（晳）補亡詩六首見昭明文選卷十九詩甲，補亡。

註十一：見陶淵明集卷一詩四言。

註十二：王闓運王志。

註十三：顧炎武日知錄卷二十八樂府條：「樂府是官署之名……後人乃以樂府所採之詩，即名之曰樂府，誤矣。曰古樂府，尤誤。」

註十四：郭茂倩樂府詩集卷九十：「新樂府者，皆唐世之新歌也。以其辭實樂府，而未常被於聲，故曰新樂府也。」

註十五：范文瀾文心雕龍樂府篇注三二引黃季剛先生說：「增損古辭者，取古辭以入樂，增損以就句度也。是以古樂府有與原本違異者，有不可句度者，或者以古樂府不可句度，遂嗤笑以爲不美，此大妄也。」

註十六：前注三四云：「今案文選所載自陳思王美女篇以下至名都篇；陸士衡樂府十七首，謝靈運一首，鮑明遠八首，繆熙伯以下三家挽歌，皆非樂府所奏，將以音樂有定，以詩入樂，需加增損，伶人畏難，故雖有佳篇，而事謝絲管歟?」

註十七：漢書卷二二禮樂志「以李延年爲協律都尉，多擧司馬相如等數十人造爲詩賦。」佞幸傳「延年善歌，爲變新聲，是時上方興天地諸祠，欲造樂，令司馬相如等作詩頌，延年輒承意弦歌所造詩，爲之新聲曲。」又漢書卷六四上朱買臣傳「買臣疾歌謳道中，後召見，言楚辭，帝甚悅之。」按劉勰謂以騷體製歌，必有所本。

註十八：汪師雨盦詩品注引古直曰：「曹子建箜篌引，『置酒高殿上，親交從我遊。』案置酒高殿上，仲偉引作高堂上，蓋所見異文也。若阮瑀雜詩『我行自凜秋，季冬乃來歸。置酒高堂上，友朋集光輝。』字雖不誤，而非韻首，仲偉必非指此。」

註十九：曹植七哀詩句「明月照高樓，流光正徘徊。」

註二十：惠連綺麗歌謠，如前綏聲歌等。

註二一：邁遠詩今存樂府詩集卷四十、五一、五九、六十、七三等篇。

註二二：行卿詩今佚。

註二三：陳鐘凡中國韻文通論所引。

第五節　詩之作法

一、賦比興的傳統意義

周禮春官太師職下載：「太師教六詩：曰風，曰賦，曰比，曰興，曰雅，曰頌；以六德爲之本，以六律爲之音。」詩大序本周禮春官太師所掌的「六詩」，提出了所謂「六義」之說（引見本章第四節一之㈠詩經的分類）。兩者的內容及次第都是風賦比興雅頌（註一），但含義卻不盡同；前者是說聲律和教人習詩的方法，後者則是注重義理一方面，卽是美刺政化的作用。鄭玄周禮太師注：

風，言聖賢治道之遺化也。賦之言鋪，直鋪陳今之政教善惡。比，見今之失，不敢斥言，取比類以言之。興，見今之美，嫌於媚諛，取善事以喻勸之。雅，言今之正者，以爲後世法。頌，誦今之德，廣以美之。」

他對風雅頌的解釋，雖多本於詩大序，但他純從正風正雅而言，與詩大序兼風雅之正變爲言，仍微有不同。

鄭玄對於賦比興的解釋，也完全注重政化美刺的作用，不免失於拘泥。詩大序對於賦比興未加說明，而毛傳只在詩中有興的地方標出，不標賦比；大約以賦比易識（註二），比興雖都曲折成義，但興在發端，往往關係全詩，比較上更重要些，所以特別標出。後來孔穎達詩經正義的大序疏裏折中鄭玄和鄭衆的話，對賦比興的解析，很得體要。他說：

鄭（玄）以「賦之言鋪也，鋪陳善惡。」則詩文直陳其事？不譬喻者皆賦辭也。鄭司農（衆）云：「比者，比方於物。」諸言如者，皆比辭也。司農又云：「興者，託事於物。」則興者，起也；取譬引類，起發己心，詩文諸舉草木鳥獸以見意者，皆興辭也。

這一解釋，實大有功於賦比興，終於把他們從政化美刺的桎梏中解救出來，重新還原到「用於聯想及暗示以完成意象的方法（註三）」的修辭功能了。關於鄭玄的注解之失，黃季剛先生文心雕龍札記比興篇內也有評論：「案後鄭（玄）以善惡分比興，不如先鄭（衆）注誼之確。且牆茨之言（註四），毛傳亦目為興，焉見以惡類惡，即為比乎？」說得最為明白。

關於賦比興與風雅頌之間的關係，孔疏也有具體的解說：

風雅頌者，詩篇之異體；賦比興者，詩文之異辭耳。大小不同而得並為六義者，賦比興是詩之所用，風雅頌是詩之成形。用彼三事，成此三事，是故同稱為義，非別有篇卷也。

他這三經三緯之說，解得甚對。簡單的說：風雅頌是詩之體裁，是對音樂而言（註五）；賦比興是詩之作法，是對修辭而言，兩者是有體用之別的。本來一切詩歌，不論其體製如何，寫作的方法，不是據事直陳（賦，鋪也，敷也，為修辭中之直敍法）；就是借事比譬（比，附也，以彼擬此，為修辭中之象徵法）；不是借事比譬，就是藉端興感（興，起也，由彼及此為修辭中的聯想法）。用筆的方法，總不外這三種了。

二、劉鍾對賦比興的新解

㈠賦

文心雕龍詮賦篇說：

賦者，鋪也，鋪采摛文，體物寫志也。……劉向明不歌而頌，班固稱古詩之流也。

按劉勰所說：「賦者，鋪也。」仍是傳統的意義，但所謂「鋪采」「體物」，在形式上作用上已不是詩中之賦，而是那種「受命於詩人，拓宇於楚辭。」不歌而誦的辭賦。雖然也是「古詩之流亞也」，但「六義附庸，蔚成大國。」它已是詩以外的獨立文體了。因之，詮賦篇並非針對詩中賦體的修辭理論而寫。不過儘管如此，他認爲彼此仍有淵源，所謂「總其歸塗，實相枝幹。」所以其中自不乏可以作爲詩的修辭準則之處。詮賦篇說：

原夫登高之旨，蓋覩物興情。情以物興，故義必明雅；物以情觀，故詞必巧麗。麗詞雅義，符采相勝，如組織之品朱紫，繪畫之著玄黃；文雖新而有質，色雖糅而有本，此立賦之大體也。

對辭語的修辭，注重義雅詞麗，文質相稱；對意象的修辭，一方面借物象的鋪敍描繪以興發情感（情以物興），一方面將詩人激蕩的感情移入物象之中，以形成物我俱化，情景交融的境地（物以情觀）。可知劉勰對本質上重鋪張描寫的辭賦，仍主張要糅合感情，且以睹物興情爲主，而反對純粹客觀的向對象之觀照的。日本荻原朔太郎所著詩的原理中有云：「詩與音樂相同，實爲情象的藝術（註六）。詩完全無描寫這回事。縱使寫外界之風物時，還是訴之于主觀的氣氛，作為感情的意味而情象之。」可說與劉勰的精神完全契合。

此外劉勰在比興篇裏，有一句話：

> 毛公述傳，獨標興體，豈不以風通而賦同，比顯而興隱哉！

他以為比興通於風而同於賦。因為「風，諷也。」「賦，體物寫志也。」與比興在本質上同為情志之表現。而風「乃化感之本源，志氣之符契（風骨篇）。」賦則「登高之旨，睹物興情。」與比興的託物起情，又都有相同的寫作手法。故在此他對詩中之賦有了簡要而具體的解釋，而因賦較比興易識，所以他也仿毛傳體例，獨標比興，而不及賦了。

鍾嶸在詩品序中將興比賦並稱為「三義」，其次第則興居第一，比次之，賦為第三。既能三義兼備，又為區分次第，強調了興的藝術性，其著眼較劉勰為長。他對「賦」所下的定義是「直書其事，寓言寫物，賦也。」陳衍的詩品平議說他：「既以賦為直書其事，又以寓言屬之，殊為非是（註七）。」不知賦自亦有寓言的作用，無論古詩之賦或辭賦都是如此。摯虞文章流別論說：

> 古之作詩者，發乎情，止乎禮義；情之發，因辭以形之，禮義之旨，須事以明之，故有賦焉。
>
> 所以假象盡辭，敷陳其志。

賦之功用是借事物之鋪敘，以暢明禮義。賦之方式是借指事、寫物、造形而構成意象，以象徵寓意與情趣。以古樂府孔雀東南飛為例：寫焦仲卿夫妻的故事，構成一個意象，即所謂「假象盡辭。」夫妻倆忠於愛情，寧死不變，是其情趣明寫的一面，而痛禮教之專橫，使婚姻不得自由，造成家庭悲劇，便是其暗寓的一面，卽所謂「敷陳其志。」可知賦是不能不含寓言的了。

鍾嶸認爲詩中若用太多的賦體，亦有流弊，他說：「若專用賦體，則患在意浮，意浮則文散。嬉成流移，文無止泊，有蕪漫之累矣。」詩在語言構造上要精約，意境安排上要含蓄，使之「言已盡而意無窮」。自然不能縱筆直書，任情鋪排，否則旣患意浮（卽浮淺無餘味之意），又病蕪累。摯虞文章流別論於此亦有相似意見：

古詩之賦，以情義爲主，以事類爲佐；今之賦以事形爲本，以情義爲助。情義爲主，則言省而文有例矣；事形爲本，則言富而辭無常矣。……夫假象過大，則與類相遠；逸辭過壯，則與事相違；辯言過理，則與義相失；麗靡過美，則與情相悖。

以「情義爲本」，是要在描寫客觀的事物當中，顯示作者主觀的感情與寓意；以「事形爲本」，是祇着重客觀事物的觀照與描寫，便不免於鋪張揚厲，泛濫無歸，有蕪漫之累了。劉熙載藝概說：

風詩中賦事，往往兼寓比興之意。鍾嶸詩品所由竟以寓言寫物爲賦也。賦兼比興，則言內之實事，寫言外之重旨，故古之君子，上下交際，不必有言也，以賦相示而已。不然，賦物必此物，其爲用也幾何？

這可爲鍾嶸的話做注腳，由此亦可見劉勰所謂之「體物寫志」，與鍾嶸所謂之「寓言寫物」，實是同一意義，不過劉勰是對辭賦而發，鍾嶸專對詩中賦體說話罷了。

㈡比

劉勰比興篇釋比的意義是：「比者，附也。」「附理者，切類以指事。」「比則蓄憤以斥言。」「寫物以附意（鈴木云：疑當作理。），颺言以切事。」所謂「附理切類以指事」，即是附物之理；用與所要表現的情感思想有相類似點的客觀事物作為象徵，用來以物擬物，以人擬物，或以物擬人，這與鄭衆的解說：「比者，比方於物。」同意。至說「比則蓄憤以斥言」，則本於鄭玄所說：「比，見今之失，不敢斥言，取比類以言之。」雖將比的意義從「不敢斥言」，改為「斥言」，但精神上，仍只限於反映政治醜惡的一面（如詩魏風碩鼠之類），不免於拘。其實美惡皆可用比，詩孔疏「諸言如者，皆比也。」像「手如柔荑，膚如凝脂，領如蝤蠐，齒如瓠犀。（註八）」這一類的比喻，又有何不善呢？當然，「風雅之興，志思蓄憤，而吟詠性情，以諷其上，此為情而造文也（註九）。」詩情之發，自因有感於中，但這與比之為比，意義是不相同的。

對於比的表現方法，他以為有四種：「或喻於聲，或方於貌，或擬於心，或譬於事。」這四種方法可歸納為二類，即比義與比類：喻聲、方貌，乃擬物之形狀，屬於比類；擬心，譬事，乃附理指事，屬於比義。可見他所界定的比法是包括現代修辭學裏比喻和比擬兩種辭格的。

劉勰在比興篇裏對於比的修辭方法及例證說得最詳細，黃季剛先生札記云：「題云比興，實側論比。蓋以興意罕用，故難得而繁稱。」我們觀察全篇，發現他似乎為比法定出了兩項基本原則：第一要能「切」。他說：「比類雖繁，以切至為貴。」所謂切，如「擬人必於其倫（註十）。」即是各種比喻（喻依）要和正文（喻體）很相類似。否則「刻鵠類鶩，則無所取焉。」紀昀評此句說：「亦有太切轉成滯相者。」其實滯相由於措語不工，非體物太切（註十一）。而要能切而不滯，第二還要能「化」。他說：「物雖胡越，合則肝胆。」性質全不相同之物，因作者之創意調整，而能密合無間。所以「化」既要能創新，更須具有高致而不落俗套。札記說：「切至之說，第一不宜沿襲，第二不許蒙籠。」不沿襲是求新，不蒙籠是明白，蘇東坡嘗問人：「荔枝何所似？」有人以爲荔枝似龍眼，坐客皆笑其陋；東坡說：「荔枝似江瑤柱」（註十二）。這樣比喻，自然是切而且新了。

鍾嶸釋比的意義是「因物喻志」，這與劉勰的「附理指事」意義大致相當。但鍾嶸的「喻志」，重在「擬心」「譬事」的比義，而劉勰尙兼重「喻聲」「方貌」的比類；比較上劉勰似較遵守傳統的意義，鍾嶸似着眼於賦予新的意義。

㈢興

劉勰釋興的意義是：「興者，起也。起情者依微以擬議。」「興則環譬以託諷。」「興之託喻，婉而成章，稱名也小，取類也大。」他認爲興的作用在起情，用意旨或意境上的暗示及象徵，起發己心，引起聯想。而技巧上則要婉曲，要含蓄；從眼前微小的事物，引起主觀的感情。用回環的譬喻，間接的寄託其諷刺的思想。對於興與比的區別，他的解釋是：比爲「附理」，興主「起情」；比對所狀之物，「以切至爲貴」，愈相似愈好。興是節取所託物的某一義而興起聯想，所以是「稱名也小，取類也大」；比是「蓄憤斥言」，按斥本義是「開」「廣」，故斥言卽是明言，就比法而言，卽多用明喩。興是「環譬託諷」，在譬喩中寄託幽微的意旨，務在委婉其辭，故多用隱喩。由此看來，劉勰已大部揚棄漢人政教之說，來解釋詩中比興之義，而主要將之視爲修辭方法之一了。但他所舉詩經的例子，仍本漢人的見解。比興篇說：

關雎有別，故后妃方德；尸鳩貞一，故夫人象義。義取其貞，無從於禽獸；德貴其別，不嫌於鷙鳥，明而未融，故發注而後見也。

按詩周南關雎首章：「關關雎鳩，在河之洲，窈窕淑女，君子好逑。」直覺的看，總以爲雎鳩在河洲中叫着求偶，引起君子慕淑女爲匹配之心。但毛傳卻解爲雎鳩雌雄情深，然而卻分別居住。因而興起后妃悅樂君子之德，不淫其色，一如關雎之有別，然後可以風化天下。又詩召南鵲巢：「維鵲有巢，維鳩居之，之子于歸，百兩御之。」這是諸侯女子出嫁的詩，表面上看，鳩居鵲巢，以興女子嫁至夫家。但鄭箋以爲鳲鳩之養其子，朝從上下，暮從下上，平均如一，故詩人以鳲鳩興諸侯夫人均一之德。像這樣的幽情隱旨，如果不是受之師說，是不易推尋出來的，這就是「明而未融，發注後見」了。然而詩經中的本事本意，是否即全如毛詩序與鄭箋所說呢？「因爲年代隔遠的人作序，瞎說某篇某篇詩的本事本意，萬不會對的（註十三）。」所以朱熹的詩集傳便廢小序不用，（註十四）同時他將毛公標明興的一百六十條中，刪去了四十八條，又加入了十九條。又說比興有時相兼，如說「關雎興詩也，而兼於比；綠衣比詩也，而兼於興。」其不同如此。故過於遵守毛鄭釋比興，是不免於拘迂的。

劉勰又慨歎自漢以下，詞人少用興義，說是「詩刺道喪，興義云亡。」「日用乎比，月忘乎興，習小而棄大，所以文謝於周人。」按陳奐詩毛氏傳疏關雎詩疏說：「興者託事於物，禮記樂記云：『人生而靜，天之性也，感於物而動，性之欲也。物至知，知然後好惡形焉。』蓋好惡動於中，而適觸於物，假以明志，謂之興；而以言乎物則比矣，而以言乎事則賦矣。要迹其志之所自發，情之不能已者，皆興也。賦顯而興隱，比直而興曲。」我們試以班婕妤怨歌行爲例：全篇述秋扇之見捐是賦，以扇擬人是比，因秋扇之見棄而感生失寵怨慕之忱便是興了。如此說來，後世又何嘗喪失興義？畢竟詩情詩意是古今相同的，只是因爲後世的詩，年代較晚，作者易知，且既沒有人將它做經典讀，自然也沒有人穿鑿附會去說詩罷了。

鍾嶸對「興」所下的定義是：「文已盡而意有餘，興也。」看似只說得了詩中興的性質與效果，而未及於興的表現方式，黃季剛先生文心雕龍札記（比興篇）評他說：「鍾記室云：『文已盡而義有餘，興也，因物喻志，比也。』其解比興，又與詁訓乖殊。彥和辨比興之分，最爲明晰；一曰起情與附理，二曰斥言與環譬，介畫憭然，妙得先鄭之意矣。」鍾嶸誠然未依傳統詁訓來釋比興，而且他還似乎有意要跳出傳統的窠臼，而賦予它以新的意義。在他看來，只要在詩的表現上，含蓄中帶有多方面的暗示性，使人覺得趣味雋永，回味無窮，並能發生激蕩連綿的聯想，便是詩興的極致。可見他所着重的是詩的情趣一面，而不是狹義的興的修辭法。後來唐朝司空圖論詩說：「梅止於酸，鹽止於鹹，飲食不可無鹽梅，而其美常在鹹酸之外（註十五）。」宋代梅堯臣主張詩要「含不盡之意見於言外（註十六）。」和嚴羽滄浪詩話裏所主張「盛唐詩人惟在興趣，羚羊掛角，無迹可求，言有盡而意無窮（註十七）。」以及清代王士禎開倡的神韻一派，可說都出於鍾嶸的遺緒。

至於怎樣達到詩的最高境界呢？他說：

宏斯三義，酌而用之，幹之以風力，潤之以丹采，使味之者無極，聞之者動心，是詩之至也。

他以爲應當斟酌文情，綜合發揮興比賦的表現方法，再加之以風力爲骨幹，以華藻爲潤飾，便能達到文盡意餘，滋味深濃，而使聞之者動心的最佳境地。他不同於劉勰所說的興義銷亡，也不主張專用比興；認爲「專用比興，患在意深，意深則辭躓。」意即詩意若過份曲折隱晦，不但文辭失去活潑鮮明氣象，更使人不明其本旨，這還有什麼感人的力量呢？而這一觀點與他的主張詩貴「直尋」，不貴「用事」，也正是思想一貫的。

【附註】

註一：孔穎達毛詩正義云：「六義次第如此者，以詩之四始，以風爲先，故曰風。風之作用以賦比興爲之辭，故於風之下，即次賦比興，然後次以雅頌。雅頌亦以賦比興爲之，即見賦比興於風之下，明雅頌亦同之。」

註二：賦是「直鋪陳今之政教善惡」（周禮太師鄭玄注），故最易識；比興雖同是「主文而譎諫」（大序），但比取譬喻猶易緣物而索其理，較之興之託諷，閃爍其詞者，自爲易識。

註三：廖蔚卿六朝文論頁一七〇。

註四：鄭風牆有茨舊說以爲宣公卒，惠公幼，其庶兄頑烝於宣姜，故詩人作此詩以刺之。

註五：參閱本章第四節詩之分類。

註　六：詩的原理第三章描寫的情象，頁九四。

註　七：中國文學批評家與文學批評類輯(一)鍾嶸詩品評議，頁七三。

註　八：詩經衛風碩人。

註　九：文心雕龍情采篇。

註　十：文心雕龍指瑕篇。

註十一：文心雕龍比興篇紀昀輯注評及黃侃札記。

註十二：江瑤柱，江瑤之肉柱也，瑤亦作珧。軟體動物瓣鰓類，俗名乾貝。

註十三：梁啓超中國近三百年學術史頁一八五。

註十四：毛詩各篇之首均有序。朱子作詩序辨說，以詩首篇關雎序自詩者志之所之至詩之至也爲大序，其餘首尾爲關雎小序。詩正義則自關雎以後每詩一篇卽有一序，皆謂之小序。鄭玄詩譜以爲大序是子夏所作，小序是子夏毛公合作。後漢書儒林傳謂衛宏作詩序；鄭樵詩序辨謂小序出於衛宏，遂盡削去之，朱子從之。

註十五：司空圖與李生論詩書，又蘇軾書黃子思詩集後引原文而頗加修改，此從蘇引。

註十六：歐陽修六一詩話。

註十七：滄浪詩話詩辨。

第六節　詩之流變

文心雕龍明詩及辨騷樂府各篇中，對於詩的流變史自上古至南齊，作了全般的敘述；詩品則只限於五言詩的品第，故所述之時代較後，討論的範圍亦較窄。但劉勰和鍾嶸兩人都是持歷史的觀點以論詩，因之，雖在文學史的敘述中，也不難看出他們的論詩的要點及其同異所在。本章第二節內我們已將上古時代詩的起源問題加以探討，本節則就其論商周以後各時代詩的流變分別比較之。

一、商、周

中國信史，肇於三代，孔子刪書，斷自唐虞。自此以後，文明大啟，文學自也隨之進步，明詩篇說：

自商暨周，雅頌圓（註一）備，四始彪炳，六義環深。

商代自然也有風雅（註二），但未載於詩經。至於商頌，後世爭論頗多（註三），其眞確時間頗難遽定。到了周代才由詩經來集其大成。詩經的六義、四始兩個問題，從來不知有多少爭辯；六義之說，已見前節。四始之說，毛詩序以六義中的風、大雅、小雅、頌爲四始，其含義據鄭玄毛詩箋說：「始者謂王道興衰之所由也。」意謂風雅是反映社會，促進政化的根本（註四）。但史記孔子世家卻另有一說：

關雎之亂，以爲風始，鹿鳴爲小雅始，文王爲大雅始，清廟爲頌始。」則以四類詩的首篇合爲四始。清魏源詩古微引申其說，以爲是四部樂章之首（註五）。劉勰所謂「四始彪炳，六義環深。」雖不知究採何說，但以他的復古傾向，恐必本於毛詩義爲多。我們更可「以意逆志」，覺得在此他必不是斤斤於名詞的詮釋，本旨或祇在說明詩在周代風雅大備，已經發展出一套周密的義法，不論形式內容以及批評標準都已極臻成熟而已。

鍾嶸沒有討論六義四始的問題，他雖然說詩有三義，實只借六義之舊名而所談的卻是五言詩的作法，並非對詩經來說的。然而他評鑑詩人之作，重視風謠，而述作者之師承宗派，輒上溯國風小雅，則其崇美詩經自然可知了。

二、楚

詩三百篇本是採來觀風俗，備樂歌，春秋時代列國聘問往來，賦詩見志，詩的用處極廣。到後來，禮樂聘問，皆荒廢不行，於是私人的吟詠就出頭了。劉勰說：

自風雅寢衰，莫或抽緒，奇文鬱起，其離騷哉！固已軒翥詩人之後，奮飛辭家之前，豈去聖之未遠，而楚人之多才乎！（辨騷篇）

又說：

楚國諷怨，則離騷爲刺。（明詩篇）

離騷爲楚辭的冠冕，所以楚辭也稱作騷。雖然文心雕龍有明詩篇又有辨騷篇，確定詩騷異制，但劉勰很明白地說出：楚辭是繼詩經之後的一種新興詩體，也正是南方楚人代替了中原而執詩壇牛耳了。但他對離騷還是有褒有貶的；他以爲離騷有四點同於風雅：一是贊美堯舜，合於典誥之體。二是譏刺桀紂羿澆，合於諷規之旨。三是用虬龍以喻君子，雲蜺以譬讒邪，合於比興之義。四是念念不忘君國，充滿忠怨之辭。但也有四點異於風雅：即是「詭異之辭」、「譎怪之談」、「狷狹之志」、「荒淫之意」。他的這些見解，都是以風雅詩教做批評的繩尺，對於引用古老神話，馳騁想像力的浪漫風格，是不大欣賞的，當然也不免略嫌保守。然而他畢竟是在那些讚美者說「國風好色而不淫，小雅怨悱而不亂，若離騷者可謂兼之（註六）。」貶斥者說「露才揚己，……多稱崑崙冥婚宓妃虛無之語，皆非法度之政，經義所載（註七）。」之中，做了折中之論。辨騷篇說：

> 固知楚辭者，體慢於三代，而風雅於戰國，乃雅頌之博徒，而詞賦之英傑也。觀其骨鯁所樹，肌膚所附，雖取鎔經意，亦自鑄偉辭。

「取鎔經意，自鑄偉辭。」不正是讚美它脫胎於詩經，而又能自創新面目嗎？

鍾嶸以楚辭與國風小雅並列爲詩之三源；以離騷「名余曰正則」視爲五言之濫觴。且以李陵以下凡二十四人列入楚辭之支與流裔（見本章第二節詩品之作者師承表），在全部所品一百二十二位詩人中，有三十八人敍明師承宗派，而楚辭系者卽佔二十四人，亦足見其重視之一般。他對楚辭因非其所評五言詩範疇，未加評論，但我們從他對楚辭系的詩人評語的歸納，及其品級的銓定，如：

屬於悽愴清怨者：李陵（上）、班姬（上）、王粲（上）、魏文（中）、劉琨（中）、盧諶（中）、沈約（中）等。

屬於綺麗華艷者：王粲（上）、潘岳（上）、張協（上）、張華（中）、郭璞（中）、鮑照（中）、謝朓（中）等。

屬於巧構形似者：張協（上）、張華（中）、鮑照（中）等。

屬於峻切清遠者：嵇康（中）。

屬於眞古婉愜者：應璩（中）、陶潛（中）。

仍可見出他對楚辭風格特徵之評鑑旨趣。

三、秦

秦統一六國，不到二十年，天下又陷分崩，在這段時間裏，文學大受摧殘，惟一可道的，只有適應秦始皇愛好的仙詩。劉勰說：

秦皇滅典，亦造仙詩（明詩篇）

按史記秦始皇本紀：「三十六年，使博士爲仙眞人詩。」仙眞人詩不傳，推想其體製當是沿襲詩經的四言體，而非長短句的楚辭體，此由「秦始皇銘岱，文自李斯。」（封禪篇）李斯雖楚人，但所作刻石銘文（註八），均爲四言，可以概知。這些刻石銘文，劉勰將之專屬頌讚一體，但廣義的說，也可列爲詩之範圍的。封禪篇評之曰：「……法家辭氣，體乏弘潤，然疏而能壯，亦彼時之絕采也。」我們討論秦文，自然不能忽略這一點。

鍾嶸於秦詩未加評論。

四、漢

漢初去前代未遠，繼承先秦餘緒，所以一面是楚辭的揚波，一面是四言詩的助瀾。然而可歌的楚辭漸漸演爲「不歌而誦（註九）」的漢賦，已脫離詩歌範疇；而四言詩也終究是衰周的尾唱，劉勰說：

漢初四言，韋孟首唱，匡諫之義，繼美周人（明詩篇）。

儘管韋孟的諷諫詩，作得肅肅穆穆，就文體的發展看，已是不能挽回頹勢了。於是長短句的樂府詩興起了。

對於漢代樂府詩的批評，劉勰說：

武帝崇禮，始立樂府，總趙代之音，撮齊楚之氣，延年以曼聲協律，朱馬以騷體製歌，桂華雜曲，麗而不經；赤雁羣篇，靡而非典，河間薦雅而罕御，故汲黯致譏於天馬也。至宣帝雅頌，詩效鹿鳴，邇及元成，稍廣淫樂，正音乖俗，其難也如此。（註十）（樂府篇）

他對於樂府的評論，一是詩要合於經典，二是聲要合於雅音。若僅作爲廟堂歌功頌德的樂章，自然要合於雅頌的標準，也許劉勰的意旨卽在於此吧！但樂府也同時係采集民間歌謠，用以觀風察俗，所謂趙代齊楚之音，正如詩經之十五國風，又如何求其合經合典？紀昀評他：

> 桂華尙未至於不經，赤雁等篇，亦不得目之曰靡，盖深惡塗飾，故矯枉過正。

其實不經不典，正是民間詩歌的特色啊！當然，除了詩經時代，兩漢以下，民間文學是不大受重視的，也就不必徒責劉勰了。

在我們今天看來，似乎一切文學多是發源於民間而擴大於文人。胡適之先生說：

> 樂府這種制度在文學史上很有關係，第一，民間歌曲得了寫定的機會。第二，民間文學因此得有機會同文人接觸。第三，文人覺得民歌可愛，有時因文學上的衝動，忍不住要模仿民歌。因此，他們的作品，便也往往帶着平民化的趨勢。」（註十一）

故在漢代，樂府對於當代文人之創作五言古詩必然發生一定的影響，自是無可置疑的，這種影響除了思想和修辭的成分外，詩體的創立當亦爲主要的一環；樂府詩體雖有少數作品仍沿用詩經四言體，但絕大多數均以新形式出現，這新形式有二：一爲雜言體（註十二），另一爲五言體（註十三），後者乃樂府所新創，而也是最直接影響於五言詩的形成。

關於五言古詩的起源，文論家總喜歡旁搜遠紹，著眼甚高。劉勰明詩篇說：

> 召南行露，始肇半章；孺子滄浪，亦有全曲；暇豫優歌，遠見春秋；邪徑童謠，近在成世，閱時取證，則五言久矣。

鍾嶸詩品序說：

夏歌曰「鬱陶乎予心。」楚謠曰「名余曰正則。」雖詩體未全，然是五言之濫觴也。

其實這樣一鱗半爪，不足證明卽五言的濫觴。由於中國孤立語、單音節的語文特性，偶然形成五言詩句，是極自然的，但卻不能認爲是定式的五言體詩。因爲詩騷中沒有全篇都是五字句的，而且眞正五言詩一般句式也和詩騷中的五字句不同，眞正的五言詩應是起源於西漢的民謠，而後文人的五言詩才出現的（註十四）。

五言詩的正式產生，載於昭明文選的凡四題二十七首，第一題古詩十九首，無主名，徐陵玉臺新詠以其中八首更加以一首蘭若生春陽標枚乘所作（註十五）。第二題爲李陵與蘇武詩三首；第三題爲蘇武詩四首；第四題爲班婕妤怨歌行一首。這是五言詩見於載籍之最早的。不過對於這幾首詩的時代和作家，後來卻有很多人懷疑；大致是漢志及列傳中未見記載（註十六），或言及東漢情事（註十七），或用字對西漢皇帝之名字未避諱（註十八），以及就文學發展現象言，一種文體在形成初期，絕難產生這些成熟的作品等。當然也有很多人出而維護。對於這種考據問題，一時也實難定其是非，我們只注意劉勰和鍾嶸二人是持着如何的見解。

劉勰對此是持存疑態度的：他在明詩篇中說，西漢成帝時令劉向校書，於詩賦類凡錄歌詩二十八家，三百十四篇，而其中不見士大夫（辭人）的作品，所以後代頗有疑李陵、班婕妤的詩是僞託的。不過他又說，就五言詩的體式而論，在詩經召南的行露篇，孟子離婁篇所引的孺子歌，國語晉語優施所歌的暇豫，以及成帝時的邪徑童謠等，可見五言體是由來已久的。他這段話首先說後人有懷疑，而後補充己意，說五言體由來已久，意思是所謂李班的詩也並非不可能由他們所作。這樣看來，劉勰並非肯定地支持懷疑，可惜他這段話竟被後世懷疑論者據爲最早的反對證據，當非其始料所及了。對於古詩十九首，他的看法是「古詩佳麗，或稱枚叔」仍是存疑。昭明文選於古詩十九首未題作者姓氏，唐李善文選注云：「古詩蓋不知作者，或云枚乘，疑不能明也。」可見劉勰基本上是與文選取一致態度的，只不過提出或說，以供參證，與徐陵編玉臺新詠之確指其中八首爲枚乘之作不同；胡適之先生說他：「蕭統還不敢說誰人作的，徐陵生於蕭統之後，卻敢武斷是枚乘的詩，這不是很可疑的嗎？（註十九）」不過劉勰也直指其中的冉冉孤生竹一篇是傅毅之詞，不知何所據而云然。按傅毅與班固同是東漢初人，傅毅之詩既如是高妙，而班固的詩「質木無文」（懷疑論者即據鍾嶸此語，作爲文體發展歷程的證據之一），應該說是作者個人的因素，而不是由於時代的關係吧！由之劉勰認爲將古詩中「或稱」的枚乘詩與傅毅詩兩相比較，「比采而推，固兩漢之作乎！」由他這兩漢之作這句話，可知他主張：縱使古詩不出於枚乘，而西漢是有五言詩的，這與後世懷疑論者說五言成立於東漢末年（註二〇），又是大異其趣了。

鍾嶸詩品序於漢代五言詩所持的看法，又稍有不同，他說：

> 逮漢李陵，始著五言之目矣。古詩眇邈，人世難詳。推其文體，固是炎漢之製，非衰周之倡也。自王揚枚馬之徒，詞賦競爽，而吟詠靡聞。從李都尉迄班婕妤，將百年間，有婦人焉，一人而已。詩人之風，頓已缺喪。東京二百載中，惟有班固詠史，質木無文。

他既不以李陵之詩爲可疑，而且截斷衆流，許李陵詩爲五言詩正式創始者。對於古詩認爲時代太久，「人世難詳」，然於卷上品古詩云：

> 其外去者日已疏四十五首，雖多哀怨，頗爲總雜。舊疑是建安中曹王所製。……人代冥滅，而清音獨遠，悲夫！

若果是建安中曹王之製，人代甚近，何能說「人代冥滅」？可知他也並不以舊疑爲然的。否則，又怎說「推其文體，固是炎漢之製，非衰周之倡也。」其意豈僅不是建安，不是東漢，而且是繼軌衰周的漢初作品了。因之，他將古詩次於李陵詩之前，爲上品之首。按詩品序說：「一品之中，略以世代爲先後，不以優劣爲詮次。」則直是以古詩早於李陵詩了，可是這又與他「李陵始著五言之目」的說法頗相矛盾。

鍾嶸對於李陵和班婕妤之詩皆深信不疑，但對於其時重要文士如枚乘（一說枚臯）、司馬相如、王褒、揚雄等何以「詞賦競爽，而吟詠靡聞。」以及何以從李陵迄班婕妤，將百年間（實僅六十餘年），沒有其他五言詩的作者？他並不因此而懷疑李班二人之詩的眞實性，而歸咎於詩人之風的缺喪。而且以東漢二百年中，只有「班固詠史，質木無文。」來說明詩風缺喪的情形。按劉勰文心雕龍明詩篇說：「至成帝品錄，三百餘篇，朝章國采，亦云周備，而辭人遺翰，莫見五言。」亦有同樣的疑問，但卻另有解說：「所以李陵班婕妤見疑於後代也。」其實當時著名文士不爲五言，並非樂府歌謠亦無五言。由於時代背景與文學潮流的關係，文士們主要是殫精竭思於辭賦，即使也曾作詩（註二二），而也多不以詩名世。黃季剛先生詩品講疏說：「五言之作在西漢，則歌謠樂府爲多，而辭人文士猶未肯相率模效。李都尉從戎之士，班婕妤宮闈之流，當其感物興歌，初不殊於謠諺。然風人之旨，感慨之言，竟能擅美當時，垂範來世，推其原始，故亦閭里之聲也。」西漢的情形是如此。是以劉向所品載於漢志的三百十四篇歌詩，竟無一篇是辭人之作了。至於東漢的情形呢？東漢已是五言興起時期，就不是那樣寂寞了；有名詩人如傅毅、張衡、應亨、秦嘉與徐淑夫婦、酈炎、趙壹、蔡邕等（註二三），都留有傳世之作，又何止班固一人！

五、建安

建安是漢獻帝的年號，但在文學史的領域，是包括漢末魏初來說的，其時間是自漢獻帝建安初至魏明帝景元末凡四十四年。這一時期是中國由統一進入割據的過渡時代。這時候的人才，眞如雲蒸霞蔚，有繼武戰國時代的氣象。單就文學一項而論，已經可以不朽，而不朽的原因，又以五言詩的成熟爲最重要。其時政綱解體，政權旁落於曹氏父子，文壇盟主，也歸曹氏父子。而鄴下七子，除孔融外，又都是曹家幕客。至於東吳蜀漢，以地理關係，實在不逮遠甚，以詩賦名家的，更是未之或覯。所以建安文學實際就是曹氏集團文學。明詩篇說：

> 建安之初，五言騰躍，文帝陳思，縱轡以騁節；王徐應劉，望路而爭驅。並憐風月，狎池苑，述恩榮，敍酣宴；慷慨以任氣，磊落以使才；造懷指事，不求纖密之巧；驅辭逐貌，唯取昭晰之

能，此其所同也。

所謂「憐風月，狎池苑，述恩榮，敍酣宴。」雖屬貴族享樂生活的一面。但文學是社會生活的眞實反映，尤是是兩漢樂府文學的流風餘澤所被。因之，建安文學許多作品或寫征戰的痛苦，或寫社會的離亂，或寫死傷的悽慘，仍能保存樂府詩中寫實的社會色彩。時序篇說：

觀其時文，雅好慷慨。良由世積亂離，風衰俗怨；並志深而筆長，故梗概而多氣也。

這說明文士作品中表現的哀傷激怨之情，也正是當時社會的感情，都由社會動亂不安而來。而也因此時世亂方始，士氣未衰，才有此種志深多氣的風格。及乎正始以後，文士久受摧殘，志氣消沈，那文風又是另一種表現了。

鍾嶸詩品序說：

降及建安，曹公父子，篤好斯文；平原兄弟，鬱爲文棟；劉楨王粲，爲其羽翼。次有攀龍託鳳，自致于屬車者蓋將百計。彬彬之盛，大備於時矣。

認爲政治環境於人才的獎掖與文學風氣的形成，具有重要的作用，也與劉勰有同樣的看法。而對此期作家，他特別推崇陳思王曹植，稱「陳思爲建安之傑，公幹、仲宣爲輔。」三人皆列上品。

六、正始

魏末自齊王芳廢帝正始起（二四〇），以迄陳留王曹奐咸熙元年（二六五）之禪位，凡二十五年。

此時期政治實權操在司馬氏之手，廢立無時，社會黑暗，於是文學亦隨此種苦悶的時代而轉爲消極逃世的傾向。明詩篇說：

正始明道，詩雜仙心，何宴之徒，率皆浮淺。惟嵇志清峻，阮旨遙深，故能標焉。若乃應璩百一，獨立不懼，辭譎義貞，亦魏之遺直也。

所謂明道、仙心，卽祖述老莊，競談名理。其文學表現方式，由寫實變爲象徵，由抒情變爲說理。何以謂之浮淺呢？朱孟實氏曾說明兩點：「第一、老莊哲學全憑主觀妙悟，所以他們的思想，傳給後人的，只是些糟粕。第二、老莊思想尙虛無而輕努力，老莊兩人自己所造雖深，而承其教者，卻都不能鞭辟入裏，有安於淺的傾向（註二三）。」老莊文學固是如此，但何宴等人實還有政治上的隱情，而不得不借老莊以寄意吧！詩品序在評論建安詩壇之後，緊接着說：

爾後陵遲衰微，迄於有晉。

亦是慨嘆「建安風力」的衰微。故雖有嵇康、阮籍、應璩的風格獨標，而玄風所扇，人心日靡，已非一二錚錚之士所能挽回了。

七、太康

西晉五十餘年，前三十餘年，以晉武帝太康時期爲中心（起武帝泰始元年至惠帝永康元年，二六五—三〇〇）是小康局面，國家一統。攀龍附鳳的文士起而歌功頌德，其作品但偏重形式辭藻，而輕忽內容意境，造成浮艷華靡的風氣。明詩篇說：

晉世羣才，稍入輕綺，張潘左陸，比肩詩衢。采縟於正始，力柔於建安；或析文以爲妙，或流靡以自姸，此其大略也。

認爲此期的詩風注意析章鏤句，辭采麗於正始，風力不及建安，評價極當。詩品序說：

太康中，三張二陸，兩潘一左，勃爾復興，踵武前王，風流未沫，亦文章之中興也。……陸機爲太康之英，安仁景陽爲輔。

所謂三張是張載張協張亢兄弟，二陸爲陸機陸雲兄弟，兩潘是潘岳潘尼叔姪，一左爲左思。照劉勰的看法，這些人都要列入「輕綺」一格；既乏建安諸子的慷慨多氣，也無嵇康和阮籍的清峻遙深。但鍾嶸則認爲他們爲「文章之中興」，所謂「中興」，大約以爲他們的作品脫出正始以來的明道仙心，而歸於建安言情述志的詩軌吧！然而太康詩人只有左思在偏重辭藻雕飾的風氣中，獨標異體。所作詠史詩，頗有小雅詩人激刺之意，可以列爲魏晉的第一流詩人，其他諸人是及不上的。而鍾嶸卻把陸機、潘岳、張協與左思並列上品，且以陸機爲太康之英，潘岳張協爲輔，於此亦足見出劉勰所賞者在風骨，鍾嶸所重者在詞采了。

八、永嘉

晉惠帝末年，八王之亂甫終，五胡之亂又起。懷帝於永嘉五年被擄，愍帝於建興四年又爲劉曜所殺。瑯玡王司馬睿渡江稱帝，偏安江左。這一段時間，政局上紛擾不甯，思想上老佛稱盛。此時詩壇情形，明詩篇說：

> 江左篇製，溺乎玄風，嗤笑徇務之志，崇盛忘機之談。袁（宏）孫（綽）以下，雖各有雕采，而辭趣一揆，莫能爭雄。

詩品序說：

> 永嘉時，貴黃老，稍尙虛談。於時篇什，理過其辭，淡乎寡味。爰及江表，微波尙傳，孫綽許詢桓庾諸公，詩皆平典似道德論，建安風力盡矣。

亂世文人，苟全性命，只好走上虛無逃世之路。在這種風氣下，大家談玄說理，滿篇道語仙心，文學那還有性靈可言。幸好其中尙有少數出類拔萃之士，能衝破這一層障蔽：一是郭璞，一是劉琨。郭璞遊仙詩雖是玄言，卻是假託其形式而詠其坎壈之懷，加以才氣奇高，「文體相輝，彪炳可玩，始變永嘉平淡之體」（註二四）；劉琨是愛國志士而兼詩人，爲文愴涼激楚，「雅壯多風」（註二五），所作皆有豐富之現實內容與深厚的愛國情操。由是他們爲東晉消沉的詩壇注入了一股生氣；劉勰說：「所以景純仙篇挺拔而爲儁矣（明詩）。」「景純豔逸，足冠中興（才略）。」鍾嶸說：「郭景純用儁上之才，變創其體；劉越石仗清剛之氣，贊成厥美。」對他們都有很高的評價。只可惜這樣重性情有血氣的作家太少，不能轉移風氣。故鍾嶸又歎其「然彼衆我寡，未能動俗！」

九、義熙及元嘉

自魏晉以來，昌盛了一兩百年的玄風，到了東晉末葉安帝義熙年間，開始轉變，至宋文帝元嘉中，於是面目一新。其轉變的內容是山水詩；轉變的形式是日趨雕琢與規律化；轉變的契機一面是佛教思想融合老莊的結果，一面是因乎詞賦華麗與駢文工整的趨向。明詩篇說：

> 宋初文詠，體有興革，莊老告退，而山水方滋。儷采百字之偶，爭價一字之奇；情必極貌以寫物，辭必窮力而追新，此近世之所競也。

這說明了當時山水詩的特色，在注重景物的客觀描寫，但過求形體的描摹，辭句之美麗，而缺少了自然界的意境與作者主觀的情致。揆之劉勰反對雕飾浮詭文風的主張，對此自必不表讚同。鍾嶸於此時期詩風，則從另一方面評價，詩品序說：

> 逮義熙中，謝益壽斐然繼作；元嘉中，有謝靈運，才高詞盛，富豔難蹤，固已含跨劉郭，淩轢潘左。故知……謝客為元嘉之雄，顏延年為輔。

對於大謝的能變創新體，實開山水一派，且終於「革孫（綽）許（詢）之風，變太玄之氣（註二六）」。是值得推崇的，其辭采之富豔，亦足稱許。但謂「含跨劉郭，淩轢潘左。」則有待商榷。晚清施補華說：「大謝之詩勝於陸士衡之平，顏延之之澀，然視左太沖郭景純已遜自然，何以望子建嗣宗之項背乎（註二七）？」詢屬的論。

【附註】

註　一：鈴木虎雄文心雕龍校勘記「案圓字可疑，下云云亦云周備，圓疑周字訛。」

註　二：鄭玄詩譜序「邇及商王，不風不雅。」正義曰「湯以諸侯行化，卒爲天子。商頌成湯『命於下國，封建厥福。』明其政教漸興，亦有風雅。商周相接，年月未多，今無商風雅，唯有是頌，是周世棄而不錄。故云近及商王，不風不雅，言有而不取之。」

註　三：商頌，按毛詩序以爲是周代樂官保存的殷商樂章，而國語魯語及史記宋世家則以爲是宋詩。

註　四：毛詩鄭箋孔疏：「四始者，鄭答張逸云：風也，小雅也，大雅也，頌也，此四者，人君行之則爲興，廢之則爲衰。」

註　五：魏源詩古微云：「古樂章皆一詩爲一終，而奏必三終。故儀禮歌關雎，則必連葛覃、卷耳而歌之。……此樂章之通例。而四始則又夫子反魯正雅頌，特取周公述文德各三篇，冠於四部之首，固全詩之裘領，禮樂之綱紀焉。」此魯詩之說。

註　六：王逸楚辭章句引班固離騷序述淮南王之言。

註　七：班固離騷序。

註　八：史記載泰山、琅邪臺、之罘、東觀、碣石、會稽刻石，凡六篇，另有鄒嶧山刻石未載。以上均見嚴可均全秦文卷一。

註　九：見漢書卷三十藝文志：「不歌而誦謂之賦。」

註　十：桂華—漢書卷二二禮樂志安世房中歌十七章中之第十章。赤雁—即郊祀歌象載瑜十八。河間薦雅—禮樂志「河間獻王獻所集雅樂，天子樂官常存肄之，歲時以備數，然不常御。」汲黯致譏天馬—史記樂書載漢伐大宛得千里馬，次作以爲歌，中尉汲黯譏之。宣帝詩效鹿鳴—漢書王褒傳：「時天下殷富，使褒作中和樂職宣布詩，選好事者令依鹿鳴之聲，習而歌之。」

註十一：胡適白話文學史第四章「漢朝的民歌」。

註十二：雜言體謂長短隨意，整散不拘，一篇之中由一二字至八九字乃至十字之句法。

註十三：如十五從軍行、白頭吟、陌上桑、孔雀東南飛等均全篇五言。

註十四：黃季剛先生詩品講疏云：「五言之作在西漢，則歌謠樂府爲多。而辭人文士猶未肯相率模效。李都尉從戎之士，班婕妤宮闈之流，當其感物興歌，初不殊於謠諺。然風人之旨，感慨之言，竟能擅美當時，垂範來世，推其原始，故亦閭里之聲也。」

註十五：昭明文選載古詩十九首篇次爲1.行行重行行。2.青青河畔草。3.青青陵上柏。4.今日良宴會。5.西北有高樓。6.涉江採芙蓉。7.明月皎夜光。8.冉冉孤生竹。9.庭中有奇樹。10.迢迢牽牛星。11.迴車駕言邁。12.東城高且長。13.驅車上東門。14.去者日以疏。15.生年不滿百。16.凜凜歲云暮。17.孟冬寒氣至。18.客從遠方來。19.明月何皎皎。玉臺新詠以其中1.2.5.6.9.10.12.19.等八首連同蘭若生春陽一首爲枚乘詩。

註十六：如謂漢書中未載枚乘、李陵、蘇武及班婕妤等之詩是。見錢大昕十駕齋養新錄卷十六及崔述考信錄提要等。

註十七：如文選李善注古詩十九首云：「詩云……『遊戲宛與洛』，此則辭兼東都。非盡乘作明矣。」

註十八：如顧炎武日知錄卷二十三：「孝惠諱盈……若李陵詩：『獨有盈觴酒。』枚乘詩：『盈盈一水間。』二人皆武昭之世，而不避諱，又可知其爲後人之擬作，而不出於西京矣。」

註十九：胡適白話文學史第五章頁三九。

註二〇：陸侃如中國詩史篇一，三國詩頁二七一：「五言詩一方面靠樂府來滋長，一方面靠詩人去試作，歷二三百年之久，到東漢的末年便成立了。」

註二一：如漢書卷二二禮樂志「以李延年爲協律都尉，多擧司馬相如等數十人造爲詩賦。」玉臺新詠卷一載枚乘雜詩九首。劉向別錄載枚皐有麗人歌賦。漢書何武傳載王褒有中和、樂職、宣布詩三篇。古文苑載揚雄有繡補、靈節。龍骨之銘詩三章。

註二二：傅毅有冉冉孤生竹詩（劉勰文心雕龍明詩篇所稱）。應亨有贈四王冠詩（見丁福保全漢詩卷二）。張衡有同聲歌（見玉臺新詠卷一）。其餘秦嘉、徐淑、酈炎、趙壹四人，鍾嶸詩品均列入品第。蔡邕有飲馬長城窟行及翠鳥詩（分見昭明文選卷二十七、及蔡中郎集）。

註二三：朱光潛中西詩在情趣上的比趣。

註二四：詩品評郭璞詩。

註二五：文心雕龍才略篇。

註二六：宋書卷六七謝靈運傳論。

註二七：峴傭說詩頁三（下）。

第七節　詩之批評

中國文學之有批評，首開風氣的以曹丕的典論論文爲嚆矢。自此以後，才有專門論文的散篇文章。但這些論文之作，據劉勰的批評，是「各照隅隙，鮮觀衢路。」「並未能振葉以尋根，觀瀾而索源。」據鍾嶸的批評，是對詩的「不顯優劣」，「曾無品第」。因此啟導了他們論文、品詩專著的動機，此在本書第一章第二節中已加介紹。以下就他們有關詩的批評理論及批評實例加以申說。

一、批評的困難與蔽障

劉勰在知音篇首先說明文學作品要得遇眞正的欣賞者，是非常的不易。他感慨的說：

知音其難哉！音實難知，知實難逢，逢其知音，千載其一乎！

爲什麼知音如此難逢？這裏面包括兩項因素：

(一)鑑賞者對作品了解力的問題

作者創作時經營的艱苦及其暗寓的深意，只有作者自己最清楚，無法一一爲外人道的，所謂「文章千古事，得失寸心知。」而一件作品往往是集作者的時代、家世、思想、學識、經驗、境遇以及臨事感興等等因素之綜合表現，「他人有心，予忖度之，」本就不易，若果要令不同時地，思想觀念迥異的人，上接千載，思通邈冥，悠悠乎與作者神會而毫無隔閡，更將何其困難！劉勰在此爲我們具體地指出了文章難知的兩點原因：

1文情難鑑。他說：『夫麟鳳與麏雉懸絕，珠玉與礫石超殊，白日垂其照，青眸寫其形。然魯臣以麟爲麏，楚人以雉爲鳳，魏民以夜光爲怪石，宋客以燕礫爲寶珠，形器易徵，謬乃若是，文情難鑑，誰曰易分（註一）。』這是識鑑力不足，造成的是非顚倒、黑白混淆現象。以今日世界而言，人類接觸面擴大，國際間之文學批評，由於語言及文化的不同，其難鑑更非劉勰當日所能想見了。

2知多偏好。他說：『夫篇章雜沓，質文交加，知多偏好，人莫圓該。慷慨者逆聲而擊節，醞籍者見密而高蹈，浮慧者觀綺而躍心，愛奇者聞詭而驚聽。會己則嗟諷，異我則沮棄，各執一隅之解，欲擬萬變之端，所謂東向而望，不見西牆也。』這是因批評者個人學殖、性向與嗜好的不同，而產生入主出奴的偏見，無法做到客觀公正的評判。

(二)鑑賞者評鑑作品的態度問題

態度偏差的形成，跟前述學殖性向的偏向，不無關係。但主要還是來自於觀念；諸如傳統的、社會的、個人心理的等等。劉勰在知音篇提示了三點批評觀念的蔽障：

1貴古賤今。他說：『夫古來知音，多賤同而思古，所謂日進前而不御，遙聞聲而相思也。』這眞是以往中國保守思想的典型。曹丕典論論文說：「常人貴遠賤近，向聲背實。」遠近若作時間的上下看，正與劉勰之意相同，若作空間的距離看，則如今俗所說：「遠來的和尙會念經。」可說自古已然，於今爲烈了。不過劉勰對於個人作品的批評，反對貴古賤今，而對於各時代的作品比較，則又反對「競今疏古」的（註二）。也許由於他爲了改革時弊，而不得不如此吧！

2.崇己抑人。他說：『至於班固傅毅，文在伯仲，而固輕毅云：『下筆不能自休。』及陳思論才，亦深排孔璋，敬禮請潤色，歎以爲美談，季緒好詆訶，方之於田巴，意亦見矣。故魏文稱『文人相輕』，非虛談也（註三）。』崇己抑人一面是同行相嫉，一面也由於「文章是自己的好」的心理，所謂「家有敝帚，享之千金。」

3.信僞迷眞。他說：『至如君卿唇舌，而謬欲論文，乃稱史遷著書，諮東方朔。於是桓譚之徒，相顧嗤笑。彼實博徒，輕言負誚，況乎文士，可妄談哉！』信僞迷眞多因知識淺陋深廢淺售，或道聽塗說，以耳代目使然。如樓護（註四）以口辯出入王莽之門，卻要附庸風雅，談論學術，說司馬遷著史記曾請教於東方朔，不免爲桓譚等所譏笑。

4.隨聲附和。另在才略篇裏，劉勰談到曹丕和曹植之才，各有所長，但「俗情抑揚，雷同一響，遂令文帝以位尊減才，思王以勢窘益價，未爲篤論也。」這裏指出的是一般同情弱者的心理。又程器篇說：「將相以位隆特達，文士以職卑多誚。」則又是一般崇拜勢利的心理。而這兩者都會造成社會雷同一響，盲從附和或黨同伐異，獻媚流俗的風氣。劉勰時代雖無「學閥」「文閥」的稱謂，卻自然有此種現象，而這一點在今天的意義尤其深長。

鍾嶸對於評詩態度的偏差問題，也爲我們指出了幾條線索。

1.任意抑揚，毫無標準。詩品序說：『觀王公搢紳之士，每博論之餘，何嘗不以詩為口實，隨其嗜欲，商榷不同，淄澠並泛，朱紫相奪，喧議競起，準的無依。』這與劉勰的「知多偏好」一層相似，不過劉勰涉及到評鑑者的能力識見方面，而鍾嶸所注意的是缺乏標準依據。

2.輕薄無知，顛倒是非。詩品序說：「次有輕薄之徒，笑曹劉為古拙，謂鮑照羲皇上人，謝朓今古獨步。而師鮑照，終不及『日中市朝滿』；學謝朓，劣得『黃鳥度青枝』。」此與劉勰的「文情難鑑」「知多偏好」相關，但也有「信偽迷真」的成分。

3.自矜自是，崇己抑人。詩品下品齊朝請吳邁遠：「湯休（湯惠休）謂遠云：『我詩可為汝詩父。』以訪謝光祿，云：『不然爾，湯可為庶兄。』」品齊諸暨令袁嘏：「嘏詩平平耳，多自謂能。嘗語徐太尉云『我詩有生氣，須人捉着；不爾，便飛去。』」天下如湯惠休、袁嘏者甚多，如此評詩，安能得中？

以上為鍾嶸所論一般評詩態度之不當者，而後人也有評鍾嶸的批評態度的，如南史鍾嶸傳說：「嶸嘗求譽於沈約，約拒之。及約卒，嶸品古今詩為評，言其優劣云……。蓋追宿憾以此報約也。」譏其以私怨置沈約於中品，如果屬實，當是最惡劣最不可諒的批評態度了。所幸清四庫提要為他辯誣說：「列約中品，未為排抑，按約身參佐命，劫持文柄，其人雖死，餘烈猶存。仲偉紆廻曲折，列之中品，蓋有苦心焉，非特不排抑而已。」可稱鍾嶸的功臣。而他的以恩師王儉列入下品，又可見其亦不以私恩而害公誼了。

二、批評者的修養與態度

文學的眞賞，在於讀者的素養。知音篇說：「目瞭則形無不分，心敏則理無不達。」如何能達致目瞭與心敏，除了天生才智外，就得靠學識與經驗，特別是對於文學原理與文學史實之硏究，必期精深博厚。知音篇說：『凡操千曲而後曉聲，觀千劍而後識器，故圓照之象，務先博觀。閱喬嶽以形培塿，酌滄波以喩畎澮。無私於輕重，不偏於愛憎，然後能平理若衡，照辭如鏡矣。』於此，他提出了兩項原則：

㈠博觀：

博觀可以救批評能力之不足，也可以解思想上的錮蔽。學記說：「不學操縵，不能安弦，不學博依，不能安詩。」這裏面不但是要博學，還要多習。故謂「能讀千賦則善賦」，「能觀千劍則曉劍」（註五），神思篇說：「積學以儲寶，酌理以富才，硏閱以窮照，馴致以繹辭。」「積學」按劉勰之意，是如通變篇所說「鎔鑄經典之範，翔集子史之術。」從古典文學中，吸取思想菁華與藝術技巧。當然在現代的觀點，也還須取資於世界各國的文學理論，以資攻錯；「酌理」是在能夠斟酌情理，知所取捨，如論文學而不審時地，知通變，而固執於一定之形質，必然阻滯不通；「硏閱」爲精硏與閱歷之意，曹子建與楊德祖書說（註六）：「蓋有南威之容，乃可以論於淑媛；有龍淵之利，乃可以議於斷割。」他認爲文學上的批評，只有作家才能勝任，雖不免混創作與批評爲一之病，但批評家若果毫無創作經驗，又怎能深知創作之甘苦與窮索其幽微的情思？卽就批評本身而言，也須積多次的經驗，才能見理深入，析論微密。「馴致」謂順神理之致以抽繹其辭，分析文字形式與聲調中所包含的意義與美感。章學誠云：「才學識三者，得一不易，而兼三尤難。非識無以斷其義，非才無以善其文，非學無以練其事。」（註七）此義劉勰已早得之於一千四百年前了。

㈡客觀：

知音篇所謂「無私於輕重，不偏於愛憎。」卽客觀公正的態度。體性篇：「辭理庸儁，莫能翻其才；風趣剛柔，寧或改其氣！事義深淺，未聞乖其學，體式雅鄭，鮮有反其習。各師成心，其異如面。」序志篇：「及其品列成文，有同乎舊談者，非雷同也，勢自不可異也；有異乎前論者，非苟異也，理自不可同也。」則客觀原非無標準可循。故才略篇對俗情的抑曹丕而揚曹植，認其非爲篤論而予中辯；子建固是「詩麗而表逸」，又且文能「兼善（註八）」，但子桓「樂府淸越，典論辯要。」又豈能一概抑之！於此亦可見劉勰批評態度之一斑了。

鍾嶸論詩的創作以才氣與情性爲主，主張卽目直尋，反對用事用典，認爲「大明、泰始中，文章殆同書抄。」「遂乃句無虛語，語無虛字，拘攣補衲，蠹文已甚。」按鍾嶸最欣賞的是如「思君如流水」「高臺多悲風（註九）」之類的卽景會心，自然靈妙之句，這原非學力所及。但「自然英旨，罕値其人。」所以他也不完全反對「詞既失高，則宜加事義，雖謝天才，且表學問，亦一理乎！」可見他論詩是以才爲主，以學爲輔的。後來嚴羽說：「詩有別材，非關書也；詩有別趣，非關理也（註十）。」

便是本「直尋」之義，但他也說：「非多讀書，多窮理，則不能極其至。」也是以學爲輔。李沂秋星閣詩話說：「讀書非爲詩也，而學詩不可不讀書。詩須識高，而非讀書則識不高；詩須力厚，而非讀書則力不厚；詩須學富，而非讀書則學不富（註十一）。」則與劉勰爲近。而袁枚隨園詩話說：「作史三長，才學識缺一不可。余謂詩亦如之，而識最爲先，非識，則才與學俱誤用矣（註十二）。」此所謂識，當是別具隻眼，能識嚴羽所謂詩之「別趣」者，故與鍾嶸爲近。

對於評詩之客觀性，鍾嶸認爲既極重要，也甚可能。他本爲疾當世評詩的淆亂，準的無依，而作詩品；以爲「詩之爲技，較爾可知，以類推之，殆均博弈。」是充滿自信而敢於自任的。此外劉勰評文，不及劉宋，才略篇說：「宋代逸才，辭翰鱗萃，世近易明，無勞甄序。」鍾嶸品詩，不錄存者，詩品序說：「其人既往，其文克定，今所寓言，不錄存者。」亦莫不是爲了屏除個人感情因素，以求獲得較客觀的批評爲目的。當然這與今天批評界對新書隨加批評的要求，是不同的。不過我們今天仍不乏黨同伐異的現象，要建立正確的批評態度，還有待於努力。

三、批評的標準與方法

㈠批評的標準：知音篇說：

將閱文情，先標六觀：一觀位體；二觀置辭；三觀通變；四觀奇正；五觀事義；六觀宮商。斯術既形，則優劣見矣。

此六觀法，係歸納文心雕龍創作論諸篇要點，用分析的批評法，揭示文學批評標準。范文瀾文心雕龍注知音篇注九說：「一觀位體，體性等篇論之；二觀置辭，麗辭等篇論之；三觀通變，通變等篇論之；四觀奇正，定勢等篇論之；五觀事義，事類等篇論之；六觀宮商，聲律等篇論之。大較如此，其細條當參伍錯綜以求之。」茲分述各點要義如次：

1觀位體：卽評鑑詩文之立意、布局與風格。鎔裁篇說：「情理設位，文采行乎其中。」定勢篇說：「因情立體，卽體成勢。」附會篇說：「夫才量學文，宜正體制，必以情志爲神明。」體性篇說：「若總其歸，則數窮八體：一曰典雅，二曰遠奧，三曰精約，四曰顯附，五曰繁縟，六曰壯麗，七曰新奇，八曰輕靡。」按文心使用體字，分有「體旨」（內容）、「體類」（形式）、「體勢」（風格）、「體要」（撰述原則與要領）等義。而「情理」、「情」、「情志」等詞，則總攝詩文之情感與思想而言。批評文學作品，當首審題旨有無眞情深意。次查表達之體製形式與主題內容是否適合。文體既立，「卽體成勢」，而詩文的風格—剛柔雅鄭，詩文的體要—修辭要領，自亦展現於其中。故「位體」實兼此四者而言。鎔裁篇說：

> 草創鴻筆，先標三準：履端於始，則設情以位體；舉正於中，則酌事以取類；歸餘於終，則撮辭以舉要。

「設情位體」，卽依題旨決定體裁與體勢；「酌理取類」，卽採集資料，結構布局；「撮辭舉要」，卽全篇警策重點之安排。以上都是位體的過程，也是評鑑的首一項目。

2觀置辭：評鑑詩文的遣辭造句，亦即是運用語言的修辭技巧，將主題意旨精確而藝術性地表現出來的能力，附會篇：「辭采為肌膚。」知音篇說：「綴文者情動而辭發，觀文者披文以入情，沿波探源，雖幽必顯。」詩文的情志賴辭采而表現，一如人的精神賴肌膚而表現；肌膚有豐瘠潤枯之別，辭采有繁簡妍媸之異。劉勰雖反對文辭的「浮詭」「訛濫」（序志篇），但也主張辭尚藻麗，「雕縟成體」，且以「雕龍」名書。綜其置辭要義，約有四點：

(1)文質相稱：使「文不滅質，博不溺心。」成為「雕琢其章，彬彬君子。」（情采）

(2)繁略、疏密得當：鎔裁篇說：「句有可削，足見其疏；字不得減，乃知其密。精論要語，極略之體；游心竄句，極繁之體；謂繁與略，隨分所好。……思贍者善敷，才覈者善刪。善刪者字去而意留，善敷者辭殊而意顯。字刪而意闕，則短乏而非覈；辭敷而言重，則蕪穢而非贍。」

(3)字句精練：「篇之彪炳，章無疵也，章之明靡，句無玷也。句之清英，字不妄也。」（章句）「一字詭異，則羣句震驚。三人不識，則將成字妖矣。」（練字）

(4)辭義昭晰：「聯辭結采，將欲明理，采濫辭詭，則心理愈翳。」（情采）對於建安詩風也正以其「造懷指事，不求纖密之巧；驅辭逐貌，唯取昭晰之能。」（明詩）而加讚賞。

此外麗辭對偶，六朝詩文皆尚之，而唐代近體詩興起後，律詩亦重對偶。今天白話文學雖倡「文必廢駢，詩必廢律。」但駢偶是中國語文中特有的一種修辭方法，如果不行之過度，似也不必因噎廢食。

3.觀通變：即評鑑作品對於時代的適應性與風格的變創性。文學是反映時代的，故應與當時的精神相合，該一時代如發生精神上的改變，文學形式自然也要做相應的調整。另一方面，文學也有領導時代的責任，如果文學已趨向卑靡衰弱風氣，就當以新的內容與形式來加善導，使其重創新機。通變篇說：

夫設文之體有常，變文之數無方，何以明其然耶？凡詩賦書記，名理相因，此有常之體也；文辭氣力，通變則久，此無方之數也。名理有常，體必資於故實；通變無方，數必酌於新聲；故能騁無窮之路，飲不竭之源。

他認爲文學有不變之道：名（形式）理（內容）有其沿襲性，古聖在經典上已爲我們建立了優良的規矩法律，不僅因爲源遠流長，是寶貴的文化遺產，也因其受過時間的考驗，而有其值得繼承之處，故宗經篇說：「文能宗經，體有六義：一則情深而不詭，二則風清而不雜，三則事信而不誕，四則義直而不回，五則體約而不蕪，六則文麗而不淫。」在另一方面，也有可變之道：就是辭藻修飾與風格表現，所謂「文辭氣力」，是隨時代思想和語言的特性以及個人的才性不同而變化發展。決不可一味模擬抄襲，形成「辭趣一揆」的。物色篇說：「古來辭人異代接武，莫不參伍以相變，因革以爲功。」「因」是因襲不變的部分，「革」是革舊變新的部分。有「因」才能古今連繫不墮，民族國家的特性一貫相「通」。有「革」才能新變代雄，不致陳陳相因。

關於通變的原則，仍在於參伍因革：所謂「體必資於故實」，「數必酌於新聲」。「參古定法」，「望今制奇」。「資於故實」「參古定法」，在今天來看，自然不是完全倣效典誥風騷之體—這甚至在劉勰時代也已不能做到，像北周蘇綽的復古失敗，便是例證。而是取資於經典的「體有六義」的內涵。以求情深、風清、事信、義直、體約、文麗之實，而期避免詭、雜、誕、回、蕪、淫之病；所謂「酌於新聲」「望今制奇」，也並非那種劉勰所反對的「辭人愛奇，言貴浮詭（序志）。」「穿鑿取新」「逐奇失正（定勢）」的新與奇，而是要「意新而不亂，辭奇而不黷（風骨）。」「取鎔經意，自鑄偉辭（辨騷）。」顧炎武說：「一代之文，沿襲已久，不容人人皆道此語。今且千數百年矣，而猶取古人之陳言，一一而摹倣之以是爲詩，可乎？故不似，則失其所以爲詩，似則失其所以爲吾（註十三）。」對古代名家之詩，要似而不似，更「斟酌乎質文之間，而檃括乎雅俗之際（通變）。」評鑑通變的原則，當不外乎此了。

4. 觀奇正：卽評鑑作品中對「正」「奇」兩種不同表現手法的調和性。兵法上講究「以正合，以奇勝（註十四）。」「有正無奇，遇險卽覆，有奇無正，勢極則阻（註十五）。」文學上也有奇正；正者，立意嚴謹中正，結構綿密規矩，風格雅正明麗，有堂堂之陣的氣象。奇者，或深藏不露，或片言達旨，或詭譎旁通，或思入雲霄，變幻莫測，有偏師夜襲之概。正之失易流於板滯，奇之失易流於險怪。補正則用奇，救奇則用正，相輔而行，不可或缺。定勢篇說：

淵乎文者，並總羣勢；奇正雖反，必兼解以俱通；剛柔雖殊，必隨時而適用。若愛典而惡華，則兼通之理偏。……若雅鄭而共篇，則總一之勢離。……是以囊括雜體，功在銓別，宮商朱紫，隨勢各配。

奇正之勢，剛柔之體，典雅與華麗之文，雖似相反，而實兼通，要能因時宜而適用。惟雅體不能雜以鄭聲，陳腐與猥褻，在所不取，因其足以破壞總一之勢，降低了詩文格調。綜之：「舊練之士，執正以御奇，新學之銳，則逐奇而失正。」「密會者以意新得巧，苟異者以失體成怪。」正奇雖須兼備，卻要以正御奇，若一任效奇，偏向發展，失其統制，轉成怪誕，「勢流不反，則文體遂弊。」齊梁文人競逐聲律辭藻之奇，而失命意立體之正，正是劉勰所反對的。

5. 觀事義：即評鑑詩文取事用典的適切性。事類篇說：

事類者，蓋文章之外，據事以類義，援古以證今者也。……然則明理引乎成辭，徵義舉乎人事，迺聖賢之鴻謨，經籍之通矩也。

事義包括兩層意義。一爲取事：引歷史之典故，或現實之題材，作爲立意、陪襯、借鏡、諷喻或取信之資，所謂「徵義舉乎人事」；一爲取言：引用成語格言，作爲說理、修辭之助，所謂「明理引乎成辭」。黃季剛先生事類篇札記：「道古語以剴今，道之屬也。取古事以託興，興之屬也。意皆相類，不必語出於我。事苟可信，不必義起乎今，引事引言，凡以達吾之思而已。若夫文之以喻人也，徵於舊則易爲信，舉彼所知，則易爲從。」事實是可信的眞理，成語是智慧的先驗，兩者增進了內容的深度與修辭的功能。更由於人們有服從權威的心理，引古事古語，或衆所共知的今事今語，也最易使人信服。故附會篇稱文以「事義爲骨髓。」

事義之取資有賴於學問，事類篇說：

文章由學，能在天資。才自內發，學以外成；有學飽而才餒，有才富而學貧；學貧者迍邅於事義，才餒者劬勞於辭情。……是以屬意立文，心與筆謀，才爲盟主，學爲輔佐；主佐合德，文采必霸；才學褊狹，雖美少功。

學識於爲文既如此重要，因之「將贍才力，務在博見。」至於事義的運用及評鑑的標準，則不出四點原則：

(1)「綜學貴博」。從經籍中廣蒐材料，吮吸甘露；「經典深沈，載籍浩瀚，實羣言之奧區，而才思之神皐也。」

(2)「取事貴約」。重在舉要義，而不煩累篇牘；「事得其要，雖小成績，譬寸轄制輪，尺樞運關也。」

(3)「校練務精」。所舉事義，須詳審無誤；「引事乖謬，雖千載而爲瑕。」

(4)「捃理須覈」。義須得當，自然合轍；「用事合機，不啻自其口出。」

6.觀宮商：

卽評鑑文字的音樂性。附會篇說作品以「宮商爲聲氣。」詩歌不同於散文，它更以音樂爲生命；詩歌在內容上要有豐富的感情，在形式上要有精約的句式，綺麗的辭藻，更要有可吟誦的聲律。聲律篇說：「聲畫妍蚩，寄在吟詠，吟詠滋味，流於字句。」如何使字句中音韻諧和協暢，聲律篇揭示以下原則：

⑴合於人聲之自然：「夫音律所始，本於人聲者也。……故知器寫人聲，聲非學器者也。故言語者，文章□□，神明樞機，吐納律呂，脣吻而已（註十六）。」

⑵講求和韻：「異音相從謂之和，同聲相應謂之韻。……屬筆易巧，選和至難，綴文難精，而作韻甚易。」和即句中的平仄格律，韻即句末的押韻，以及雙聲疊韻的運用，都有一定的音樂原理可循。

⑶使用正音：「吐音雅正，則無往而不和，若雜以方音，所謂「楚辭辭楚，故訛韻實繁。」便「失黃鍾之正響」了。

⑷避免詭異：「吃文為患，生於好詭，逐新趣異，故喉脣糺紛。」不合自然之聲調，正如說話而患口吃。

以上可見劉勰所强調的也只是自然聲律，與鍾嶸之說，大致相同，但他認為「內聽之難，聲與心紛，可以數求，難以辭逐。」故不能不稍析音律之理，以為學習標準，較之鍾嶸僅示以「清濁通流，口吻調利，斯為足矣。」之論，自更為具體。

鍾嶸並未從創作觀點上提出類似劉勰之「六觀法」以為評鑑標準。但由其詩品序中的理論闡發及其分品辨源的作為中，也很顯然地可以看出他評詩的一般標準：

1.自然與藻飾：詩之自然，重在情景渾成，不假雕琢。故於立意，他主張「即目」「直尋」，反對用事補假；於聲律，他主張「清濁通流，口吻調利。」反對拘牽四聲八病；於文辭修飾，他認爲應當「潤之以丹采」，對曹植的詩讚稱「詞采華茂」。但對於張華的「巧用文字，務爲姸冶。」顏延之的「尚巧似，體裁綺密。」謝朓的「微傷細密」等的刻意雕琢，則有貶詞。當然，「文章由學（註十七）」，璞玉必待雕琢，文辭也須鍛鍊，鍾嶸之意當不是輕視人爲的努力，主要期望修飾而無斧鑿痕迹罷了。

2.淵雅與峻切：鍾嶸品詩，祖述風雅，以「國風好色而不淫，小雅怨悱而不亂（註十八）。」具溫柔敦厚之教，優游中和之致爲尙。故凡情喻淵深，詞義典雅之作，如曹植、劉楨、王粲等均列上品。而於辭氣稍有偏激者，如評嵇康詩「過爲峻切，訐直露才，傷淵雅之致。」評鮑照詩「貴尙形似，不避危仄，頗傷清雅之調。」雖康詩「託諭清遠」，照詩「總四家而擅美，跨兩代而孤出。」仍然列入中品。

3.兼善與偏美：劉勰附會篇說：「棄偏善之巧，學具美之績，此命篇之經略也。」鍾嶸評詩，稱曹植如「人倫之有周孔，鱗羽之有龍鳳。」推爲極致。說他：「骨氣極高，詞采華茂；情兼雅怨，體被文質。」所謂「骨氣」，與序中「幹之以風力」及劉勰所說的「風骨」同意。風骨篇說：「結言端直，則文骨成焉，意氣駿爽，則文風清焉。」故風骨乃指文中情趣思想的活力與辭語的精練勁健而言；所謂「詞采華茂」，指文辭的綺麗富艷，即「潤之以丹采」；所謂「情兼雅怨」，指情深而義正，合於風雅溫柔敦厚之教；所謂「體被文質」，指內容與形式的調和。以上「骨」、「采」、「情」、「體」

能兼善者只有曹植，其他如劉楨則「彫潤恨少」，王粲則「文秀而質羸」，陸機則「不貴綺錯，有傷直致之奇」，雖俱列上品，都不能無缺點，此外偏失愈多，自然品第愈下。

4.華美與質直：鍾嶸品詩大致文質兼重，文而流於淫靡、妍冶，質而至於鄙質、平典，皆難獲上選。不過比較起來，他還是重文過於重質。如對曹植的「詞采華茂」，陸機的「舉體華美」、潘岳的「爛若舒錦」，張協的「詞采葱蒨」，謝靈運的「名章迥句」「麗典新聲」，皆置上品。而於魏武「曹公古直，甚有悲涼之句。」只列下品。於應璩「善為古語，指事殷勤。」陶潛「文體省淨，殆無長語。篤意眞古，辭興婉愜，……世嘆其質直。」若應無「雅意深篤，得詩人激刺之旨」；陶無「風華清靡」之句，必將與魏武同科，列中品而不可得了。這自然也與當時崇尚美文的風氣有關，批評家究難絕對擺脫時代的影響的。

5.抒情與說理：詩品序首標詩是搖蕩性情而作，並言人因種種身世的遭遇，感蕩心靈，故非詩無以騁其情。其品第詩人，多着重其作品的情思表現；如云古詩「意悲而遠」，李陵詩「文多悽愴，怨者之流。」班姬詩「怨深文綺」，曹植詩「文兼雅怨」，王粲詩「發愀愴之詞」，阮籍詩「可以陶性靈，發幽思。」左思詩「文典以怨」（以上上品），秦嘉徐淑夫妻詩「文亦悽怨」，劉琨詩「善叙喪亂，多感恨之詞。」（以上中品）至對於談玄說理之詩，則多貶抑；如序云：「永嘉時，貴黃老，稍尙虛談。于時篇什，理過其辭，淡乎寡味。爰及江表，微波尙傳，孫綽、許詢、桓、庾諸公，詩皆平典似道德論，建安風力盡矣。」而孫綽與許詢的「彌善恬淡之詞。」也都並列下品。

㈡批評的方法

英人孫茨白雷（G. E. B. Saintsbury）的文學批評史，將批評方法分爲十三類：主觀的、客觀的、歸納的、演繹的、科學的、判斷的、歷史的、考據的、比較的、道德的、印象的、賞鑑的、審美的等。我國雖古無此諸名，而其實早已有之，茲姑就此十三類方法，來檢視劉勰和鍾嶸所運用批評法的情形：

1.主觀的批評：乃據我見以觀物，以自我意識爲主。如文心宗經篇言經書的價值：「經也者，恒久之至道，不刊之鴻教也。故象天地，效鬼神，參物序，制人紀，洞性靈之奧區，極文章之骨髓者也。」詩品言詩的功用也用此種批評法：「照燭三才，煇麗萬有；靈祇待之以致饗，幽微藉之以昭告；動天地，感鬼神，莫近於詩。」

2.客觀的批評：由他方以觀物，重在實證。如文心才略篇論曹丕曹植之才云：「魏文之才，洋洋清綺，舊談抑之，謂去植千里。然子建思捷而才儁，詩麗而表逸；子桓慮詳而力緩，故不競於先鳴，而樂府清越，典論辯要，迭用短長，亦無懵焉。」而鍾嶸對曹丕詩亦有客觀持平之論：「所計百餘篇，率皆鄙質如偶語。惟西北有浮雲十餘首，殊美贍可翫，始見其工矣！不然，何以銓衡羣彥，對揚厥弟者耶？」自然，也因丕詩瑕瑜互見，所以次之中等。

3.歸納的批評：由作品之各別事例，推出其普通原理之批評法。如文心明詩篇說：「大禹成功，九序惟歌；太康敗德，五子咸怨。」因而推出「順美匡惡，其來久矣。」之論斷。「故鋪觀列代，而情變之數可監；撮舉同異，而綱領之要可明矣。」（明詩）即其批評之方法。詩品序於歷敘魏晉以下詩之流變與風格後總結說：「故知陳思爲建安之傑，公幹仲宣爲輔；陸機爲太康之英，安仁景陽爲輔；謝客爲元嘉之雄，顏延年爲輔。斯皆五言之冠冕，文詞之命世也。」也是用的歸納的批評法。

4.演繹的批評法：由普遍之原理原則，裁判個別之文學作品。如文心明詩篇說：「江左篇製，溺乎玄風；嗤笑徇務之志，崇盛忘機之談。袁孫已下，雖各有雕采，而辭趣一揆，莫與爭雄；所以景純仙篇，挺拔而爲俊矣。」在一片玄風之中，郭璞仙詩，獨變平淡之體，自然挺拔不羣了。詩品序論五言詩的優點說：「五言居文詞之要，是衆作之有滋味者也；故云會於流俗，豈不以指事造形，窮情寫物，最爲詳切者耶！」五言最具滋味，細分之，則有指事造形窮情寫物最爲詳切的各項優點。

5.科學的批評法：即以實證科學方法，批評文學。如：

(1)從作家性格分析：如文心體性評劉楨：「公幹氣褊，故言壯而情駭。」詩品評劉楨，也說他「仗氣愛奇。」

(2)從作家才氣分析：如文心才略評王粲：「仲宣溢才，捷而能密，文多兼善，辭少瑕累，摘其詩賦，則七子之冠冕乎？」詩品評王粲：「文秀而質羸。」

(3)從自然環境分析：如文心物色：「天高氣清，陰沈之志遠；霰雪無垠，矜肅之慮深。」詩品序：「若乃春風春鳥，秋月秋蟬，夏雲暑月，冬月祁寒，斯四候之感諸詩者也。」

(4)從作家遭遇分析：如文心時序評建安時代：「觀其時文，雅好慷慨，良由世積亂離，風衰俗怨，幷志深而筆長，故梗慨而多氣也。」詩品評李陵詩：「陵名家子，身命不諧，聲頹身喪，使陵不遭辛苦，其文亦何能至此。」

(5)從學術思想分析：如文心時序評戰國文風是「暐燁之奇意，出乎縱橫之詭俗。」詩品序言晉永嘉時「貴黃老，稍尙虛談，于時篇什，理過其文。」

6.判斷的批評法：根據既定的標準，以評鑑作品。如文心知音篇標舉「六觀」，詩品序：「宏斯三義，酌而用之，幹之以風力，潤之以丹采，使味之者無極，聞之者動心，是詩之至也。」均爲評詩的準則。

7.歷史的批評法：論究文體的起源、演變、師承等卽爲歷史的批評法。如文心明詩時序諸篇的「原始以表末」；詩品「論詩而溯流別」皆是。

8.考證的批評法：對作者的研究及作品的眞僞辨證。如明詩篇以劉向品錄歌詩三百餘篇，「而辭人遺翰，莫見五言。」故謂「李陵班婕好見疑於後代。」詩品評古詩陸機所擬十四首之外的其餘四十五首，「頗爲總雜，舊疑是建安中曹王所製。」又卷下評齊釋寶月行路難詩是東陽柴廓所造皆是。

9.比較的批評法：卽由作品的相互比較，以評其優劣得失：如文心辨騷篇以離騷與風雅經典相較，得出四同四異。詩品評左思之詩說：「雖野於陸機，而深於潘岳。」又對古詩認爲除陸機所擬之十四首詩外，其餘頗爲總雜；均從比較得來。

10.道德的批評法：卽基於道德的信仰與要求以批評作品。文學批評的立場，通常有尙文與尙用兩方面；前者以唯情、唯眞、與唯美爲依歸，後者以符合倫理的、政治的、社會的需要爲着眼。劉勰與鍾嶸均主文質並重：劉勰於文心情采篇强調「爲情而造文」，「聯辭結采，將欲明經。」於知音篇主張作者要「蓄素以弸中，散采以彪外。……摛文必在緯軍國，負重必在任棟樑。」對於「爲文而造情」的虛僞失眞，以及魏晉以來文士鄙棄個人的社會性，惟知追求自我適情生活；「世極迍邅，而辭意夷泰」，指斥不遺餘力。鍾嶸論詩主情，但對於作品中含有的道德性，如評應璩詩：「善爲古語，指事殷勤。」評劉琨詩：「善叙喪亂，多感恨之詞。」評陶潛詩：「篤意眞古，想其人德。」亦多所讚許。惟比較上劉勰更爲重視道德的批評而已。

11.印象的批評法：卽憑主觀的感覺，亦卽以「直觀」，對文學作總合的意象的批評。如文心物色篇贊曰：「山沓水匝，樹雜雲合，目既往還，心亦吐納。春日遲遲，秋風颯颯；情往似贈，興來如答。」物色與心靈本不相涉，而由感性將之契合。詩品序說「古今勝語，多非補假，皆由直尋。」所舉創作之例如「思君如流水」、「高臺多悲風」之類名句，都是卽目所見；對於作家的批評，如評潘岳「余常謂陸才如海，潘才如江。」評謝靈運詩「譬猶青松之拔灌木，白玉之映塵沙，未足貶其高潔也。」皆爲印象的批評。

12.賞鑑的批評法：憑印象主義，賞鑑作品之精美特出部分而作之批評。如文心明詩篇評古詩：「觀其結體散文，直而不野，婉轉附物，怊悵切情，實五言之冠冕也。」摘出詩中結構、風格、比興、用情等特殊優點而予以賞鑑。詩品序說：「陳思贈弟，仲宣七哀，公幹思友，阮籍詠懷，子卿雙鳧，叔夜雙鸞，茂先寒夕，平叔衣單，安仁倦暑，景陽苦雨，靈運鄴中，士衡擬古，越石感亂，景純仙篇，王微風月，謝客山泉，叔源離宴，鮑照戍邊，太冲詠史，顏延入洛，陶公詠貧之製，惠連擣衣之作，斯皆五言之警策者也。所以謂篇章之珠澤，文采之鄧林。」則是摘出各家最傑出之詩來賞鑑。

13.審美的批評法：以藝術的立場，從修辭的美醜以批評作品。如文心聲律篇說：「若夫宮商大和，譬諸吹籥；翻廻取新，頗似調瑟。……陳思潘岳，吹籥之調也；陸機左思，瑟柱之和也。」麗辭篇說：「張華詩稱：『遊雁比翼翔，歸鴻知接翮；』劉琨詩言：『宣尼悲獲麟，西狩泣孔邱。』若斯重出，卽對句之駢枝也。」詩品評詩，多從審美角度品鑑：如曹植「詞采華茂」，陸機「才高詞贍，舉體華美。」張協「詞采葱菁，音韻鏗鏘。」何晏、孫楚等：「雖不具美，而文采高麗，並得虬龍片甲，鳳皇一毛。」

以上所列，不過略舉大凡。其他如對詩的原理、文體、創作、批評等之批評，以及詩本事之批評，二書所在皆見，不一一列舉了。

四、作家的品第與宗派

文心雕龍對於詩人及其作品的批評，自屈原以下，評論散見各篇。因受文章體式所限，僅撮舉各時代少數代表性人物，作抽象概括式之評論。詩品自始卽以品第作家顯其優劣爲目的，故詳列漢以下五言詩作家一百二十二人，區爲三品，一一論評。兩家立意不同，繁簡自亦有別。玆就兩書均曾論及之重要作家，依詩品之次第，比較之如下：

甲、上品

㈠古詩十九首

文心雕龍明詩篇以十九首或稱枚乘所作，其中冉冉孤生竹一篇，是傅毅作品；詩品則認爲「古詩眇邈，人世難詳。」但他們從文體上推斷，都認爲是兩漢之作，這是合理的看法。對於古詩之評語：明詩篇說：「結體散文，直而不野，婉轉附物，怊悵切情，實五言之冠冕也。」詩品說：「其原出於國風。……文溫以麗，意悲而遠，驚心動魄，可謂幾乎一字千金。」古詩的好處，在平淺樸質而又婉轉深情，兩家的評語大致相同。

㈡漢都尉李陵字少卿

文心雕龍明詩篇以其不見劉向品錄，且「辭人遺翰，莫見五言」所以見疑後代。詩品序稱其爲最早之五言詩，評爲「其原出於楚辭，文多悽愴，怨者之流。」按詩品的評語切當，而對於李陵詩眞僞性之考據，則不如文心明詩篇的持之有據。又詩品序說：「子卿雙鳧，……五言之警策者也。」子卿爲蘇武字，故三品中未列蘇武，而序已論及。惟文心雕龍無一語道及。

㈢漢婕好班姬

文心雕龍明詩篇以爲班婕好團扇詩與李陵詩同見疑後代。詩品評爲「出旨清捷，怨深文綺，得匹婦之致。」按此詩質厚，自是古詞，但恐怕不是班姬所擬。漢書本傳只載其作賦自傷，未說作詩，而漢志亦無記載，應爲有力佐證。

四魏陳思王曹植字子建

文心雕龍明詩篇：「兼善則子建」。時序篇：「陳思以公子之豪，下筆琳琅，體貌英逸。」事類篇：「陳思，羣才之英也。」才略篇：「子建思捷而才儁，詩麗而表逸。」均有最高評價。詩品評他：「其原出於國風，骨氣奇高，詞采華茂，情兼雅怨，體被文質。粲溢今古，卓爾不羣。」讚美他的詩具多方面的優點，與劉勰所說的「兼善」，意正相同。

按植詩佈局、遣辭、音韻以及風神活力，俱臻高妙，所謂「五色相宜，八音朗暢（註十九）。」更因其「有憂生之嗟（註二〇）」，詩中有我，音辭委婉，情致哀怨，最爲感人。說他是「建安之傑」自是當之無愧；但詩品譬他「陳思之於文章，譬人倫之有周、孔，鱗羽之有龍鳳。」似覺太過；故陳衍詩品平議便質問：「三百篇、離騷、漢樂府、古詩，又居何等乎？」

五魏文學劉楨字公幹

文心雕龍明詩篇：「偏美則太沖公幹。」體性篇：「公幹氣褊，故言壯而情駭。」才略篇：「劉楨情高以會采。」

詩品：「其原出於古詩，仗氣愛奇，動多振絕。眞骨凌霜，高風跨俗。但氣過其文，雕潤恨少，然自陳思以下，楨稱獨步。」

按謝靈運稱劉楨「卓犖偏人，而文最有氣（註二一）。」劉勰與鍾嶸兩人亦均就這方面讚許。但劉勰說他「氣褊」、「情駭」，不無貶詞；鍾嶸則稱其爲陳思以下第一，且許爲「眞骨凌霜，高風跨俗。」無論就人格就詩格而言，似都有溢美之嫌。

㈥魏侍中王粲字仲宣

文心雕龍體性篇：「仲宣躁銳，故穎出而才果。」明詩篇：「兼善則子建、仲宣。」才略篇：「仲宣溢才，捷而能密。文多兼善，辭少瑕累。摘其詩賦，則七子之冠冕乎！」

詩品：「其原出於李陵，發愀愴之詞，文秀而質羸，在曹劉間別構一體，方陳思不足，比魏文有餘。」

按王粲「家本秦川貴公子孫，遭亂流寓，自傷情多（註二二）。」觀其七哀詩寫兵亂中婦人棄子草間，自言「未知身死處，何能兩相完。」何其沈痛！較之劉楨現存十五首詩中多是宴遊酬唱之作，應勝一籌。而後代受王粲影響的詩人甚多，甚至杜甫亦效其體（註二三），即此而言，劉勰置他爲七子之冠，較爲得要。

㈦晉步兵阮籍字嗣宗

文心雕龍明詩篇：「阮旨遙深。」體性篇：「嗣宗俶儻，故響逸而調遠。」才略篇：「阮籍使氣以命詩。」

詩品：「其原出於小雅。……可以陶性靈，發幽思；……洋洋乎會於風雅，頗多感慨之詞。厥旨淵放，歸趣難求。顏延年注解，怯言其志。」

按顏延年注詠懷詩云：「阮公身仕亂朝，常恐遇禍，因玆發詠，故每有憂生之嗟。雖事在刺譏，而文多隱避，百世而下，難以情測也。」劉、鍾二人所評，當有採於此。至說源出小雅，固因詩旨之同於「小雅怨悱而不亂。」也因在風格上脫出了民歌的性質，而從重建立了士大夫的典雅之體，鍾嶸說他源出小雅，而古詩十九首與曹植之作則源出國風，是有卓見的。

(八)晉平原相陸機字士衡

文心雕龍明詩篇：「晉世羣才，稍入輕綺。」體性篇：「士衡矜重，故辭繁而情隱。」樂府篇：「子建士衡，咸有佳篇。」才略篇：「陸機才欲窺深，辭務索廣，故思能入巧，而不制繁。」詩品：「其原出於陳思。才高詞贍，舉體華美。氣少於公幹，文劣於仲宣。尚規矩，不貴綺錯，有傷直致之奇。然其咀嚼英華，厭飫膏澤，文章之淵泉也。」

按劉勰所評是「輕綺」、「辭繁」、「矜重」、「情隱」；鍾嶸所評是「詞贍」、「華美」、「規矩」、「直致」。各有褒貶，大致相當。但其詩缺乏內容，惟貴辭藻；沈德潛說他：「意欲逞博，而胸少慧珠，筆又不足以舉之，遂開出排偶一家。西京以來，空靈矯健之氣不復存矣。」又說「士衡以名將之後，破國亡家，稱情而言，必多哀怨。乃詞旨膚淺，但工塗澤，復何貴乎？（註二三）」鍾嶸把他列入上列，頗爲不當。

(九)晉黃門郎潘岳字安仁

文心雕龍體性篇：「安仁輕敏，故鋒發而韻流。」才略篇：「潘岳敏給，辭自和暢。」

詩品：「其原出於仲宣。翰林嘆其翩翩然如翔禽之有羽毛，衣服之有綃縠。猶淺於陸機。謝混云：『潘詩爛若舒錦，無處不佳；陸文如披沙簡金，往往見寶。』……余常言：陸才如海，潘才如江。」

按自來潘陸並稱，惟二人皆缺乏深厚內容，其藝術特點為詞藻華艷，鋪敘過多，繁冗而缺含蓄。但潘尚有發自眞性情之作，如悼亡詩。而陸則端賴綺麗辭句以飾其浮情淺意；故潘比陸猶勝一籌。

(十)晉黃門郎張協字景陽

文心雕龍明詩篇：「張、潘、左、陸，比肩詩衢。」「景陽振其麗。」時序篇：「應、傅三張之徒，並結藻清英，流韻綺靡。」才略篇：「孟陽景陽，才綺而相埒，可謂魯衞之政，兄弟之文也。」詩品：「其原出於王粲。文體華淨，少病累，又巧構形似之言。雄於潘岳，靡於太冲。風流調達，實曠代之高手，詞采葱蒨，音韻鏗鏘，使人味之亹亹不倦。」

按張協詩雖與潘岳陸機並肩，但其人品高潔，詩也較為樸淨；詩品說他雄於潘岳，正以其風骨較勝，不似安仁輕靡。又劉勰稱張載、張勰兄弟，「才綺相埒」。而鍾嶸則將張協置上品，張載列下品，且說「孟陽詩乃遠慚厥弟」。差別可謂甚大。試以載之七哀詩與協之雜詩相較，即非「魯衞之政」，也當以「上」「中」分品，不宜有「上」「下」的懸殊。

(十一)晉記室左思字太冲

文心雕龍明詩篇：「偏美則太冲公幹。」時序篇：「太冲動墨而橫錦。」才略篇：「左思奇才，業深覃思，……拔萃於詠史。」

詩品：「其原出於公幹，文典以怨，頗爲精切，得諷諭之致。雖野於陸機，而深於潘岳。謝康樂嘗言：『左太冲詩，潘安仁詩，古今難比！』」

按太康時期的詩風，盛行形式主義，代表當時文學主要傾向者爲陸機；而能繼承發揚「建安風力」之傳統，寫出內容充實，情韻生動之作品者，則爲左思。他的詩以氣勝，如詠史中名句：「振衣千仞岡，濯足萬里流。」可以概見其風格，所以劉勰和鍾嶸都把他列入劉楨一系。惟鍾嶸說他野於陸機，沈德潛頗不謂然；古詩源說：「太冲胸次高曠，而筆力又復雄邁，陶冶漢魏，自製偉詞，故是一代作手，豈潘陸輩所能比埒。」

(十一)宋臨川太守謝靈運小字客兒

文心雕龍評作家，止於晉代，故於陶潛、謝靈運等宋以下詩人均未論及。詩品評他：「其原出於陳思，雜有景陽之體。故尚巧似，而逸蕩過之，頗以繁富爲累。……而名章迥句，處處間起，麗典新聲，絡繹奔會。譬猶青松之拔灌木，白玉之映塵沙，未足貶其高潔也。」

按謝詩善用客觀手法，摹刻自然實境，爲中國山水詩之開山祖；一掃當代枯燥乏味的玄風，而以雋詞麗句表現自然界的形象美。其詩又有凝鍊厚重之妙，可以醫治浮滑淺率的詩病。鍾嶸以高潔許之，可稱適當。置之上品，自亦宜然。

乙、中品

㈠魏文帝曹丕

文心雕龍明詩篇：「文帝、陳思，縱轡以騁節。」時序篇：「文帝以副君之重，妙善辭賦，……體貌英逸。」才略篇：「魏文之才，洋洋清綺，舊談抑之，謂去植千里。……而樂府清越，典論辯要，迭用短長，亦無懵焉。但俗情抑揚，雷同一響，遂令文帝以位尊減才，思王以勢窘益價，未爲篤論也。」

詩品：「其原出於李陵，頗有仲宣之體。則所計百許篇，率皆鄙質如偶語。惟西北有浮雲十餘首，殊美贍可翫，始見其工矣！不然，何以銓衡群彥，對揚厥弟者耶？」

按丕詩描寫愛情與離愁別恨的作品特多，且較出色，而其表現形式亦屬多樣，各體皆備；其作品風格優柔和美，昔人謂其質如美媛。劉勰稱他與曹植「縱轡騁節」，爲得其平；鍾嶸將之置於中品，未稱允當。

(二)魏侍中應璩字休璉

文心雕龍明詩篇：「應璩百一，獨立不懼，辭譎義貞，亦魏之遺直也。」才略篇：「休璉風情，則百壹標其志。」

詩品：「祖襲魏文，善爲古語，指事殷勤，雅意深篤，得詩人激刺之旨。」

按李充翰林論說：「應休璉五言詩百數十篇，以風規治道，蓋有詩人之旨焉。」這種辭譎義貞、雅義深篤的詩，說他頗類國風則可，與魏文的感愴似李陵，宏贍似王粲之詩風，實相去甚遠。

(三)晉中散嵇康字叔夜

文心雕龍明詩篇：「嵇志清峻。」「叔夜含其潤。」體性篇：「叔夜儁俠，故興高而采烈。」

詩品：「頗似魏文，過為峻切，訐直露才，傷淵雅之致。然託諭清遠，良有鑒裁，亦未失高流矣。」

按「清峻」可為嵇詩定評。「清遠」謂有空靈高潔的意境；「峻切」則與憤世疾俗的個性有關，這種個性是無法使作品達到中和淵雅的。但其詩本其人格之表徵，未能淵雅，豈非更具特色。

㈣晉司空張華字茂先

文心雕龍明詩篇：「茂先凝其清。」樂府篇：「張華新篇，亦充庭萬。」時序篇：「茂先振筆而散珠。」才略篇：「張華短章，奕奕清暢。」

詩品：「其源出於王粲，其體華豔，興託不奇，巧用文字，務為妍冶。雖名高曩代，而疏亮之士，猶恨其兒女情多，風雲氣少。謝康樂云：『張公雖復千篇，猶一體耳。』今置之中品，疑弱，處之下科，恨少，在季孟之間耳。」

按張華詩體華豔，雕琢刻劃，缺少作家的個性，正是太康詩風的共同現象。而其才又不如潘陸，「置之中品疑弱」，鍾嶸所評堪稱允當。

㈤晉太尉劉琨字越石

文心雕龍才略篇：「劉琨雅壯而多風。」

詩品：「其原出於王粲，善為悽戾之詞，自有清拔之氣。琨既體良材，又罹厄運，故善敘喪亂，多感恨之詞。」

按劉琨詩清剛悲壯，託意非常，實足為西晉委靡詩壇沈溺人心的救時針砭。元遺山懷劉琨詩云：

「可惜并州劉越石，不敎橫槊建安中。（註二四）」不僅指他詩風的慷慨任氣，有類建安，更賞其愛國情操最爲魏晉六朝所缺少。鍾嶸評語，也甚爲確切，但置之中品，未爲允當。

㈥晉宏農太守郭璞字景純

文心雕龍明詩篇：「江左篇製，溺乎玄風。……辭趣一揆，莫能爭雄；所以景純仙篇，挺拔而爲俊矣。」才略篇：「景純艷逸，足冠中興；……仙詩亦飄飄而凌雲矣。」

詩品：「憲章潘岳，文體相輝，彪炳可翫，始變永嘉平淡之體，故稱中興第一。翰林以爲詩首。但遊仙之作，詞多慷慨，乖遠玄宗。其云『奈何虎豹姿』，又云『戢翼棲榛梗』，乃是坎壈詠懷，非列仙之趣也。」

按郭璞詩「能打破抽象的說理，改用具體的寫法（註二五）。」所以能「挺拔而爲俊。」「始變永嘉平淡之體。」至說「乖遠玄宗。」沈德潛古詩源駁他說：「坎壈詠懷，其本旨也，鍾嶸貶其少列仙之趣，謬矣。」王漁洋說：「左思、郭璞、劉琨爲晉代三詩傑。」列爲中品，亦欠允當。

㈦宋徵士陶潛字淵明，或云字元亮

文心雕龍不甄序宋以後作家，故無論列。

詩品：「其原出於應璩，又協左思風力。文體省淨，殆無長語。篤意眞古，辭興婉愜；每觀其文，想其人德，世歎其質直。至如『歡言酌春酒』，『日暮天無雲』，風華清靡，豈直爲田家語耶！古今隱逸詩人之宗也。」

按鍾嶸評語可分三點來討論：

1認爲原出應璩並協左思風力：查應璩百一詩，因曹爽在位，多違法度，作詩刺之。而淵明脫略世故，超然物外，何嘗爲此累心？此意葉夢得石林詩話論之甚詳。惟應璩與左思詩都簡樸無文；應詩「善爲古語」，而左思「胸次高曠，筆力又復雄邁（註二六）。」故謂詩風與淵明相近則可，說淵明原出某人則不可；許學夷詩源辨體說：「要知靖節爲詩，但欲寫胸中之妙，何嘗依做前人哉！」

2認爲淵明詩的特點是：文體省淨、婉愜、眞古、質直。衡之鍾嶸品詩之標準尺度，可能文不逮質，「彫潤恨少」，而且多賦體少比興，亦與鍾嶸重比興不同，故置之中品。後人雖有許多爲淵明抱屈，但以鍾嶸的評詩標準，以及六朝重視辭藻美的文風而觀，我們也只好說陶淵明還未走運了。

3認爲「每觀其文，想其人德。」尊爲「古今隱逸詩人之宗」：按此係就陶詩的樸質、眞率、恬淡、冲遠、曠達之趣而言；與昭明太子撰陶淵明集序中說：「觀淵明之文者，馳競之情遣，鄙吝之意怯，貪夫可以廉，懦夫可以立。」同一見解，這是很正確的批評。

綜合言之，陶詩的藝術性，尙未爲六朝人所完全了解；蘇東坡說：「淵明詩質而實綺，癯而失腴，自曹劉鮑謝李杜諸人莫能及也（註二七）。」陶詩的佳處須從其意境中求之；試以世所並稱的陶（潛）、謝（靈運）相較：兩人俱是山水詩人，但意境大不相同：陶是主觀的感受；謝是客觀的知識反映。陶自任耕耘，故於土地特別具有親切的感情；謝是偶來欣賞，情感上隔了一層。陶詩純任自然；謝詩刻意雕琢；陶詩人生與自然完全融合；謝詩只得到形象刻畫的細微眞實，而缺少自然界的眞實情趣。陶詩人人可讀；謝詩只能士人欣賞。胡適之先生說他：「他的意境是哲學家的意境，而他的言語卻是民間的言語。他的哲學又是他實地經驗過來的，平生實行的自然主義（註二八）。」這種將整個人生與自然融化爲詩的大詩人，其意境與情操，在中國歷史上大概只有屈原與杜甫可以與之並駕，其他皆難望其項背。

丙、下品

㈠魏武帝曹操

文心雕龍明詩篇未叙曹操，樂府篇說：「魏之三祖，氣爽才麗，宰割辭調，音靡節平，觀其北行衆引（按魏武苦寒行有「北上太行山」云云），秋風列篇（按文帝燕歌行有「秋風蕭瑟天氣涼」云云，或述酣宴，或傷羈戍（苦寒行描寫征人之苦），志不出於淫蕩，辭不離於哀思（燕歌行託辭於思婦）；雖三調之正聲，實韶夏之鄭曲也。」時序篇：「魏武以相王之尊，雅愛詩章。」

詩品：「曹公古直，甚有悲涼之句。」

按對曹操詩之批評，劉勰和鍾嶸的評價均不高。鍾嶸且將他列入下品，令人叫屈。曹操爲著名之政治家與軍事家，其作品的藝術特色，決定於其思想內容；他的詩全部皆樂府歌辭，內容或反映漢末的動亂現實，或抒寫軍旅的征戰生活，或表達一己的政治理想。語言質朴，志氣激昂，與純粹文人之作不同。文人可憑想象虛作，而且多用比興，委婉其旨；此則隨感而發，「沈雄俊爽，時露霸氣（註二九）。」使人讀之，如聞其聲，如見其人。此外他的詩以四言居多，不在鍾嶸專評五言的範圍，這些或就是使他被列入下品的原因吧！許學夷詩源辨體說：「丕處中品，曹公及叡居下品，今或推曹公而劣子桓兄弟者，蓋鍾嶸兼文質，而後人專氣格也。」亦是持平之論。但就全般而言，他應該列入上品才對。

㈡魏文學徐幹字偉長

文心雕龍明詩篇：「王、徐、應、劉，望路而爭驅。」才略篇：「徐幹以賦論標美（幹著玄猿漏巵等賦及中論。）」

詩品：「偉長與公幹往復，雖曰以莛扣鐘，亦能閑雅矣。」又詩品序：「思君如流水，既是即目。」（徐幹室思詩：「思君如流水，何有窮已時。」）

按徐幹列入下品，後人多爲不平：胡應麟詩藪說：「以公幹爲巨鐘，而偉長爲小梃，抑揚不已過乎。」漁洋詩話：「建安諸子，偉長實勝公幹，而嶸譏其以莛扣鐘，乖反彌甚。」近代許文雨文論講疏說：「案鍾序嘗舉偉長勝語，而品第抑之，與公幹懸隔。殆以上品無聯品（徐幹與白馬王曹彪合品）之例，偶因彪植之贈答，而數及幹歟！」故以居中品爲宜。

以上所舉二十一個批評實例，均爲劉勰和鍾嶸所曾評論過的重要作家（陶潛未爲劉勰所評，例外）。其批評同異之點，略述前述。此外或此有而彼無，或於後世並不太重要之作家，本文就不一一論列了。比較引起爭議的，還是詩品的分三品品第作家及標示詩人宗派，前面已有所探討。玆引前人評論二事，以見其概：

王世貞藝苑卮言：

「吾覽鍾記室詩品，折衷情文，裁量事代，可謂允矣，詞亦奕奕發之；第所推源出於何者，恐未盡然。邁、凱、昉、約濫居中品，至魏文不列乎上，曹公屈居乎下，尤爲不公，少損連城之價。」

王士禎漁陽詩話：

「鍾嶸詩品，余少時深喜之，今始知其踳謬不少。嶸以三品銓叙作者，自譬諸九品論人，七略裁士，乃以劉楨與陳思並稱，以爲文章之聖。夫楨之視植，豈但斥鷃之與鯤耶？又置曹孟德下品，而楨與王粲反居上品；他如上品之陸機、潘岳，宜在中品；中品之劉琨、郭璞、陶潛、鮑照、謝朓、江淹、下品之魏武，宜在上品；下品之徐幹、謝莊、王融、齊道猷、湯惠休宜在中品；而位置顚錯，黑白淆譌，千秋定論，謂之何哉？建安諸子，偉長實勝公幹，而嶸譏其「以莛扣鐘」，乖反彌甚。至以陶潛出於應璩，郭璞出於潘岳，鮑照出於二張，尤陋矣，不足辨也。」

二王之論，都足備一家之說，不過任何人評文，總不免多少帶一些主觀成分；鍾嶸固不免，二王又何獨不然！而且隔代相望，也不易客觀。章學誠文史通義詩話條原注：「鍾氏所推流別，亦有不甚可曉處；蓋古書多亡，難以取證。」又該書文德條：「不知古人之世，不可妄論古人文辭也；知其世也，不知古人之身處，亦不可以遽論其文也。」這些話值得文學批評者的注意。

【附註】

註　一：「以麟爲麏」，見公羊哀公十四年。「以雉爲鳳」及「以夜光爲怪石」，見尹文子大道下。以「燕礫爲寶珠」，見藝文類聚六闕子。

註　二：通變篇歷述各代文風後，說「從質及訛，彌近彌淡，競今疏古，風味氣衰也。」

註　三：所引諸人評語，分見文選典論論文及文選曹子建與楊德祖書。

註　四：樓護字君卿，漢書遊俠傳有傳。

註　五：意林引桓譚新論曰：「揚子雲攻於賦，王君大習兵器。予欲從二子學，子雲曰：『能讀千賦則善賦。』君大曰：『能觀千劍則曉劍。』諺曰：『伏習象神，巧者不過習者之門。』」紀評曰：「扼要之論，探出知音之本。」

註　六：照明文選卷四十二。

註　七：章學誠文史通義史德篇。

註　八：明詩篇：「兼善則子建仲宣。」

註　九：見本書第一章第三節註十五、十六。

註　十：滄浪詩話詩辨五。

註十一：秋星閣詩話頁三。

註十二：隨園詩話，卷三，頁四八。（長安出版社）

註十三：日知錄卷十九。

註十四：孫子兵法兵勢篇。

註十五：曾胡治兵語錄將材。

註十六：據黃季剛先生文心雕龍聲律篇札記校改，引見本書第二章第一節注十一。

註十七：文心雕龍事類篇。

註十八：史記屈原列傳評語。
註十九：沈德潛古詩源評曹植詩。
註二〇：謝靈運擬魏太子鄴中集詩序。
註二一：同前註二〇。
註二二：同前註二〇。
註二三：沈德潛古詩源評陸機詩。
註二四：元好問遺山集論詩三十首之二。
註二五：胡適白話文學史第八章頁九五。
註二六：沈德潛古詩源評左思詩。
註二七：蘇軾序陶潛詩集。
註二八：胡適白話文學史第八章頁九六。
註二九：沈德潛古詩源評曹操詩。

第三章 結論

大凡一個人，在他身處的時代，發生了某種病象——政治的、社會的、思想的、學術的。而他能獨具卓識，洞察癥結，提出砭時鍼俗的良方，並能影響當時和後世的，這個人便是所謂的豪傑之士了。執此以觀劉勰和鍾嶸，我們也可以說：他們兩人正是中國文學批評界中的豪傑之士。

南朝在政治上是一個變亂紛乘，人命危賤的時代，應乎這種時勢，文人在初期只求苟全性命，逃避現實。所謂清談，以及所謂的玄言詩、招隱詩、遊仙詩、山水詩，都是在這種消極思想中產生。到了後來，南北形勢已定；思危之心漸淡，恢復之志已銷。加之社會繁榮，大家追求享樂，詩歌競事華麗雕琢；隋書李諤傳諤上書：「江左齊梁，其弊彌甚。……遂復遺理存異，尋虛逐微，競一韻之奇，爭一字之巧。連篇累牘，不出月露之形；積案盈箱，惟是風雲之狀。」文學到了這種境地，那還有眞性情可言！然而劉勰和鍾嶸挺立其間，卻能獨超衆類；他們各自撰寫了體系精密的文學批評專著，展開了文學革命運動。雖然當時「彼衆我寡，未能動俗。」（註一）但其開風氣，紹後學，並啟導了後代的「文學復古運動」及「詩話」的勃興，甚至到今天，他們的基本理論仍爲我們所服膺樂道，其影響不可謂不深遠了。

綜觀文心雕龍與詩品兩書的詩論，其特出的見解，眞可謂「名章迥句，處處間起。」（註二）兩家立論，各具精神。其同異之點，略如下述：

(一)改革文學風氣的動機相同

劉勰以爲詩文之所以「從質及訛，彌近彌淡。」原於「競今疏古，風味氣衰。」（通變）所以必須糾正形式上的「浮詭訛濫」。（序志）和內容上的「採濫忽眞」。（情采）鍾嶸矯正文弊的方法，則集中於對玄風說理，拘牽聲病，用事補假等淫濫之風的反對。兩家之欲改正浮靡拘攣的文風，使歸於自然雅正的旨趣，是相同的。

(二)不滿意於前人的文學批評相同

魏晉以後，評文之作鼎盛，但劉勰認爲這衆多文論是「各照隅隙，鮮觀衢路。」「並未能振葉以尋根，觀瀾而索源。」（序志）換句話說，就是沒有全面的系統的觀察和深入的研究。鍾嶸認爲這些批評多半空泛而不具體，以致「喧議競起，準的無依。」「不顯優劣」，「曾無品第」。他們都希望建立一個深得體要，賓實相符的客觀批評標準來。

(三)對文學的基本主張相同

大體說來，劉勰和鍾嶸都秉承傳統儒家的詩觀；如「詩言志」、「思無邪」、「溫柔敦厚」的詩教，以及「比興」的表現方式等。此外尙有以下的相同主張：

1.主自然：文學的自然來自眞實的情感與不受拘束的形式。劉勰以爲本於自然之道，生於人心，而由聖賢書辭的經典，具有情深、風清、事信、義直、體約、文麗的優點，而無詭、雜、誕、回、蕪、淫的弊端，是雅正自然的最高標準，文章最好的楷模。鍾嶸的指斥用事用典、宮商聲病、繁密巧似的文風，即因其違反情性的自然，「使文多拘忌，傷其眞美。」他所希望的詩之自然是「即目」、「直尋」、「口吻調利」、「有滋味」，這與劉勰所倡的宗經六義的性質，實際也頗爲相當。

2.尚眞情：劉勰以爲詩文之體，以「情志爲神明。」（附會）文章要發於內心的眞實情感；他說：「五情發而爲辭章」，「詩人什篇，爲情而造文。」那種苟馳夸飾，鬻聲釣世「爲文造情」的作品，是「繁采寡情，味之必厭的。」（情采）鍾嶸論詩，首重情性，詩品開卷即說：「搖蕩性情，形諸舞詠。」他以爲節候的轉換，人事與環境的變遷，最易感蕩心靈，而排遣情懷，宣發志意，非詩歌不可。他品鑑的上品詩人之作，如古詩「意悲而遠」，李陵詩「文多悽愴，怨者之流。」班姬詩「怨深文綺」，曹植詩「情兼雅怨」，王粲詩「發愀愴之詞」，阮籍詩「頗多感慨之詞」，左思詩「文典以怨」，無不從用情的深摯眞切來看。此外對於詩之說理談玄，二人都共表反對。

3.重創造：劉勰發現了「時運交移，質文代變。」（時序）「變則可久，通則不乏。」（通變）的自然運行法則，也認識了「文變染乎世情，興廢繫乎時序。」（時序）文學發展的歷史規律。所以他主張文學要適應時代，日新其業。不過「名理有常，體必資於故實；通變無方，數必酌於新聲。」（通變）文章結體雖有常式，而修辭的方法，卻是變化無窮，故創新的要領就是「望今制奇，參古定法。」鍾嶸對創新的重視，可於詩品序及對詩人品評中看出來：如稱揚李陵的「始著五言之目」，建安時期的「彬彬之盛」，太康時期的「勃爾復興」，郭璞劉琨的「變創其體」，謝益壽的「斐然斷作」。至於謝靈運不僅詩格的堅凝老重，別開一宗；而且集山水詩的大成，大變太玄之氣，故尤爲鍾嶸所激賞，譽爲「元嘉之雄」。

4.兼文質：一件眞正的藝術品，必兼具深刻的內容和精美的形式。劉勰心目中理想的文學便是文質相稱；他說：「志足而言文，情信而辭巧。」（徵聖）「斟酌乎質文之間，而檃括乎雅俗之際，可與言通變矣。」（通變）「使文不滅質，博不溺心；……雕琢其章，彬彬君子。」（情采）他所謂「質」指的是內容的情與志，所謂「文」則是辭藻與聲律等屬於外飾的部分。在他看來，兩者雖有本末先後之分，如說：「情理設位，文采行乎其中。」（鎔裁）「情固先辭，勢實須澤。」（定勢）但卻相輔相成，如皮之與骨，不可或分。故說：「鉛黛所以飾容，而盼倩生於淑姿；文采所以飾言，而辯麗本於情性。故情者，文之經，辭者，理之緯，經正而後緯成，理定而後辭暢，此立文之本源也。」（情采）

鍾嶸認爲詩的最高境界是：「宏斯三義，酌而用之，幹之以風力，潤之以丹彩，使味之者無極，聞之者動心，是詩之至也。」這裏面包括了酌用賦比興三義而表現的靈活手法，充實情理內含而表現的情趣活力，修飾詞藻而表現的華美外貌。最後達到使人見辭而咀嚼英華，滋味無窮；聞聲而心絃震戰，感動鼓舞的地步。可見鍾嶸與劉勰一樣都是文質兼重的。

5.立標準：對於文學批評，劉勰和鍾嶸都主張要建立一個客觀的標準，而非僅賴主觀的賞鑑式批評。劉勰在知音篇首先指出傳統上文學批評的三蔽——貴古賤今、崇己抑人、信僞迷眞。其次根據他文學創作的原則與方法，提出文學批評的六項準則「六觀」——觀位體、觀置辭、觀通變、觀奇正、觀事義、觀宮商。鍾嶸則具體地提出一位理想的詩人來作最高的標準，這位詩人便是陳思王曹植。說他：「骨氣奇高，詞采華茂；情兼雅怨，體被文質。」這是具備「骨」「詞」「情」「體」四美於一身的作家。有了這一標準，用以評鑑其他作家，則或得其一體，或具體而微，其優劣高下，便不難「較爾可知」了。

以上是二人相同的觀點，其次他們兩人相異的地方，也有以下各點：

(一)著作的宗旨與體例不同

劉勰撰述文心雕龍，除了論文之外，一個主要的動機是「敷贊聖旨」，通過制作來「樹德建言」。由他的以原道、徵聖、宗經三篇作爲「文之樞紐」，並將全書仿易經「大衍之數五十，其用四十有九。」（註三）而編撰爲五十篇，可見自始他卽有發揚儒家載道思想的心意。鍾嶸之著詩品，純以一個文學批評家的立場，針對五言詩一體和其代表作家一百二十二人，提出批評之理論與品第。故在宗旨上詩品較爲單純，體例上更較文心之籠罩羣言者大小有別。此外，他對詩的性質肯定於「緣情說」，於詩的功用，偏重於「羣、怨」說，皆以個人的情志爲出發點，此與劉勰從傳統政教說的意義上解釋「詩言志」與「興觀羣怨」者，顯有不同。

(二)改革文風的手段不同

南朝文學的極端趨於藻飾、音律及數典隸事，汩沒性靈，將文學帶入了衰微的厄運。有心之士自必興起矯弊的呼聲；其間劉勰所提出的是以復古爲革命的主張：他認爲一切文體皆源於六經，聖人之文，具有各種優點——「或簡言以達旨，或博文以該情，或明理以立體，或隱義以藏用。」（徵聖）又說：「文能宗經，體有六義。」（宗經）所以「矯訛翻新，還宗經誥。」（通變）爲唯一要義。鍾嶸沒有選取另外一種風格體式的文體，作爲改革模仿的標的。他直接對當時的文弊，加以指斥。前面所談過的反宮商聲病、反用事用典，即爲他主要的目標。可以說劉勰所代表的是一種積極的主張，以根本推翻此期文學，建立以經典爲範式的新文學爲職志；鍾嶸所代表的是一種消極的主張，想對當時的文體加以修正，以阻止狂瀾的橫流潰決爲主眼。（註四）但從另一個角度看：劉勰想要建立的是一種通貫古今的文學，他的目標是「立」，所以他的態度是折中的、理智的；鍾嶸要想破除當世委靡的文風，他的目標是「破」，所以他的態度是激進的、情感的。

(三)對詩體與詩格的欣賞角度不同

劉勰以四言爲傳統之體，以典雅溫潤爲本質；五言爲當時流行之調，以清新華麗爲貴。又說：「華實異用，惟才所安。」（明詩）他這一說法，兼顧了文體的時代特質，和作者才性與作品的關係。雖然文體有特定適應的風格，但高明作者，通過其創造力，並不受其限制。詩品則逕言：「四言文約意廣」，只合寫作風騷之體；但由於語言的時代變遷，當代人使用四言，「每苦文繁而意少，故世罕習焉。」而五言卻正與四言相反，最便於「指事、造形、窮情、寫物。」可說是各種詩體中最有滋味的。就他肯定五言的優越性一點而言，似乎他更能以文學進化觀念來分辨四言與五言的時代價值。

對於詩的風格，劉勰評詩以典雅樸質爲貴：如明詩篇讚古詩「直而不野」，張衡怨篇「清典可味」，建安詩「不求纖密之巧；惟取昭晰之能。」而譏「晉世羣才，稍入輕綺。」「宋初文詠，儷采百字之偶，爭價一句之奇。」而樂府篇則强調：「樂本心術，務塞淫濫。」「豈惟觀樂，於焉識禮。」均可窺其旨趣所在。鍾嶸詩品以淵雅華美者爲貴：如於班固則說：「質木無文」，於陶潛則說「世歎其質直」，於劉楨則說「氣過其文，雕潤恨少。」而於曹植則賞其「詞采華茂」，於潘岳則喻「潘才如江。」（註五）於陸機則稱其「舉體華美」。兩家品藻，確有不同。我們似乎可以這樣論斷：劉勰是比較着重內容精神的傳統詩派；鍾嶸則是着重形式風格的唯美詩派。又後者以六朝觀點論當時流行之詩體，與前者綜論古今各體詩者觀察角度亦有不同。

㈣對作家應具備的條件與修養、看法不同

劉勰論作家條件，注意四項素質，他說：「才有庸儁，氣有剛柔，學有深淺，習有雅鄭，并情性所鑠，陶染所凝。」（體性）這才與氣是先天的稟賦；庸儁、剛柔、輕濁、遲速，人各異分，勉强不來，修鍊不到，所謂「雖在父兄不能以移子弟。（註六）」但學與習卻在於後天的培養與薰染，可以藉人爲努力增益其所不能。至於兩者的關係則是「才爲盟主，學爲輔佐；主佐合德，文采必霸，才學偏狹，雖美少功。」（事義）鍾嶸論作家，似專注於才氣方面。如評曹植「粲溢今古，卓爾不羣。」劉楨「仗氣愛奇」，陸機「才高詞贍」，謝靈運「才高詞盛」，郭璞「儁上之才」，嵇康「訐直露才」，謝瞻等人「才力苦弱」，皆以才氣定詩之高下。又他論詩主性情，反用事，與劉勰之著事類篇，主博見以贍才力者，亦大有徑庭。

比較了劉勰文心雕龍和鍾嶸詩品二書的詩論，眞覺得其中有無窮寶藏，實非區區管窺可以盡其全豹。至於定其優劣，品其高下，更非淺陋如我者敢參末議。個人深深感覺：就二書相同一致之理論而言，皆屬文學之基本理論與批評的基本法則，可謂「不刋之鴻敎」，自將永爲文學批評之指針；就二書相異之見解而言，乃因著作之目的、撰述之旨趣、以及作者各自性情與愛好的差異而有出入，正可以提供我們體察文學批評的面面觀。且此種出入，本因時因地因人因用而異，既無庸期其統一，也不必强分高下。孟子所謂：「禹稷顏子，易地則皆然。（註七）」對於劉勰和鍾嶸二人的文學批評，許多地方皆可作如是觀。

最後，我還是借用前人對二書的評語，作爲本書的結論，較爲適當：

清葉燮原詩外篇：

詩道之不能長振也，由於古今人之詩評，雜而無章，紛而不一。六朝之詩大約沿襲字句，無特立大家之才；其時評詩而著爲文者，如鍾嶸如劉勰，其言不過呑吐抑揚，不能特論；然嶸之言曰：「邇來作者競須新事，牽攣補衲，蠹文已甚。」斯言能中當時後世好新之弊；勰之言曰：「沈吟鋪辭，莫先於骨；故辭之待骨，如體之樹骸。」斯言爲能探得本原；此二語外，兩人亦無所能爲論也。他如湯惠休「初日芙蓉」，沈約「彈丸脫手」之言，差可引伸，然俱屬一般之見，終非大家體段，其餘皆影響附和，沈淪習氣，不足道也。

章學誠文史通義詩話條：

詩品之於論詩，視文心雕龍之於論文，皆專門名家勒爲成書之初祖也。文心體大而慮周，詩品思深而意遠；蓋文心籠罩羣言，而詩品深從六藝溯流別也。論詩論文而知溯流別，則可以探源經籍，而進窺天地之純，古人之大體矣。此意非後世詩話家所能喻也。

葉氏所說，不免陳義過高，不過他說鍾嶸之言「能中當時後世之弊」；劉勰之言「爲能探得本原」，眞能道出二書的全部精神所在。章氏所說，於二書的體製作用，有典要的介紹。有了這兩項評語，我們對文心雕龍與詩品應當有一個清晰的認識了。

【附註】

註一：借用詩品序語。

註二：借用詩品卷上評謝靈運語。

註三：易上繫「大衍之數五十，其用四十有九。」焦循易通釋「大衍，猶言大通。」

註四：參閱郭紹虞中國文學批評史上卷第四篇第二章第六節。

註五：晉書作「機文喻海，潘藻如江。」

註六：魏文帝典論論文：「至於引氣不齊，巧拙有素，雖在父兄，不能以移子弟。」

註七：孟子離婁下。

參考書目

(一)經史年譜類

書名	作者	出版者
十三經注疏		藝文印書館
詩經集註	宋、朱熹	新陸書局
詩毛氏傳疏	清、陳奐	學生書局
毛詩傳箋通釋	清、馬瑞辰	中華書局
毛詩會箋	日本、竹添光鴻	大通書局
說文解字注	清、段玉裁	藝文印書館
史記	漢、司馬遷	藝文印書館
漢書	漢、班固	藝文印書館
後漢書	宋、范曄	藝文印書館
三國志	晉、陳壽	藝文印書館
晉書	唐、房喬	藝文印書館

宋書　梁、沈約　藝文印書館
南齊書　梁、蕭子顯　藝文印書館
梁書　唐、姚思廉　藝文印書館
隋書　唐、魏徵　藝文印書館
南史　唐、李延壽　藝文印書館
歷代職官表　清、黃本驥　樂天出版社
古書眞僞及其年代　梁啟超　中華書局
二十二史劄記　清、趙翼　華世出版社
中國近三百年學術史　梁啟超　中華書局
中國文化史　柳詒徵　正中書局
廣雅疏證　清、王念孫　中華書局
經義述聞　清、王引之　中華書局
高僧傳　梁、釋慧皎　台灣印經處
梁劉彥和先生年譜稿　王更生　師大國文學報二期62.4.
劉勰年譜　王金凌　嘉新文化基金會

㈢子部雜著類

書名	作者	出版者
老子		中華書局
莊子		中華書局
荀子		中華書局
呂氏春秋		中華書局
淮南子		中華書局
吳越春秋	漢、趙曄	世界書局
抱朴子	晉、葛洪	中華書局
論衡	漢、王充	中華書局
世說新語	劉宋、劉義慶	世界書局
仇池筆記	宋、蘇軾	商務印書館
困學記聞	宋、王應麟	商務印書館
日知錄	清、顧炎武	世界書局
十駕齊養新錄	清、錢大昕	中華書局
陔餘叢考	清、趙翼	華世出版社
藝文類聚	唐、歐陽詢	西南書局
金樓子	梁、蕭繹	世界書局

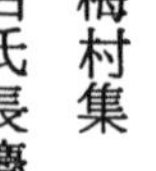

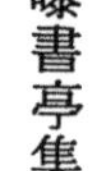
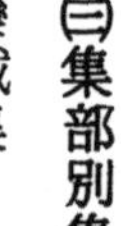
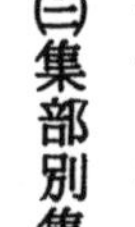

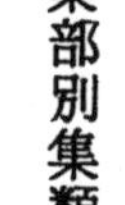
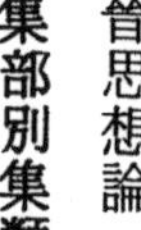
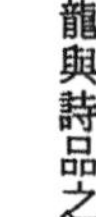
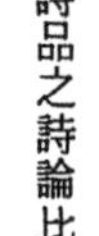

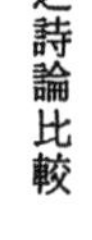

正名隅論　劉師培　大新書局
魏晉思想論　劉大杰　中華書局

㈢集部別集類

欒城集　宋、蘇轍　商務四部叢刊本
曝書亭集　清、朱彝尊　商務四部叢刊本
牧齋初學集　清、錢謙益　商務四部叢刊本
梅村集　清、吳偉業　商務四部叢刊本
白氏長慶集　唐、白居易　商務四部叢刊本
曾文正公全集　清、曾國藩　世界書局
國故論衡　章炳麟　廣文書局
太炎文錄　章炳麟　世界書局
屈原賦校注　姜亮夫注　世界書局
曹子建詩注　黃節注　藝文印書館
阮步兵詠懷詩注　黃節注　藝文印書館
陶淵明集校箋　楊勇注　成偉出版社
謝康樂詩注　黃節注　藝文印書館

鮑明遠詩注　黃節注　藝文印書館

元遺山詩注　施國祁注　中華書局

(四)總集選集

昭明文選　梁、蕭統　藝文印書館

全漢三國晉南北朝詩　清、丁福保　世界書局

樂府詩集　宋、郭茂倩　世界書局

評注十八家詩鈔　清、曾國藩　文源書局

古詩源　清、沈德潛　時代書局

玉臺新詠箋註　吳兆宜注　廣文書局

詩品注　陳延傑注　開明書局

詩品注　汪中注　正中書局

文苑英華　李昉等編　華文出版社

詩比興箋　陳沆　正生書局

詩品箋　古直　廣文書局

漢魏樂府風箋　黃節　學生書局

古歌謠及樂府　梁啟超　中華書局

文心雕龍論文選粹　王更生編　育民出版社
詩紀　明、馮惟訥　國立中央圖書館藏明萬曆間刻本

㈤詩話

司空詩品　唐、司空圖　中華書局
詩式　唐、釋皎然　藝文印書館
本事詩　唐、孟棨　藝文印書館歷代詩話續編
六一詩話　宋、歐陽修　藝文印書館
滄浪詩話校釋　宋、嚴羽撰（郭紹虞校釋）　正生書局
詩藪　明、胡應麟　廣文書局
詩鏡總論　明、陸時雍　藝文印書館
師友詩傳錄　清、王士禎　藝文印書館
原詩　清、葉燮　藝文印書館
昭昧詹言　清、方東樹　廣文書局
硯傭說詩　清、施補華　藝文印書館
說詩晬語　清、沈德潛　中華書局
隨園詩話　清、袁枚　廣文書局

石遺室詩話　陳衍　商務印書館
人間詞話　王國維　開明書局
歷代詩話　何文煥編　藝文印書館
藝苑卮言　明、王世貞　藝文印書館

(六)通論藝文類

文心雕龍注　范文瀾注　開明書店
文心雕龍、詩品注　杜天縻注　國學整理社
文心雕龍研究　王更生　文史哲出版社
文心雕龍通識　張嚴　嘉新文化基金會
文心雕龍文論術語析論　王金凌　華正書局
文心雕龍札記　黃侃　文史哲出版社
文心雕龍批評論發微　沈謙　聯經出版公司
詩品研究　李道顯　華岡出版社
詩品與鍾嶸　成惕軒　中央月刊三卷十一期
中國詩學大綱　楊鴻烈　商務印書館
中國詩史　陸侃如　明倫出版社

藝概　劉熙載　廣文書局

中國詩學　黃永武　巨流圖書公司

詩論　朱光潛　正中書局

中國詩論史　日、鈴木虎雄 洪順隆譯　商務人人文庫

文藝心理學　朱光潛　開明書店

中國之美文及其歷史　梁啟超　中華書局

中國文學欣賞舉隅　傅庚生　地平線出版社

文史通義　清、章學誠　國史研究室

經典常談　朱自清　文化圖書公司

文論講疏　許文雨　正中書局

中國韻文通論　陳鍾凡　中華書局

六朝文論　廖蔚卿　聯經出版公司

詩的原理　日、萩原朔太郎 徐佛觀譯　正中書局

漢詩研究　方祖燊　正中書局

中國文學史大綱　容肇祖　文海出版社

中國文學史　易君左　華聯出版社

中國文學發達史　劉大杰　中華書局

中國文學八論　劉麟生等　泰順書局

魏晉南北朝文學思想史　張仁青　文史哲出版社

魏晉六朝文學批評史　羅根澤　商務人人文庫特二一五號

中國文學流變史　李曰剛　聯貫出版社

中國俗文學史　鄭篤　商務印書館

白話文學史　胡適　文光圖書公司

中國文學批評史　郭紹虞　明倫出版社

樂府文學史　羅根澤　文史哲出版社

詩學　亞里斯多德　傅東華譯　商務人人文庫二四五號

兩漢魏晉南北朝文學批評資料彙編　柯慶明　曾永義編　成文出版社

中國文學家與文學批評　朱東潤等　學生書局

由隱逸到宮體　洪順隆　河洛圖書出版社

魏晉風氣與六朝文學　朱義雲　文史哲出版社

文鏡秘府論　日、僧空海　河洛圖書出版社

中華藝林叢論　文馨出版社